The Korea Herald

BILINGUAL READING

쉽게 읽는
영자신문

I

A high-pitch electric sound suddenly brought to life the platform at Yeo[...] Subway Station in nor[...] on a recent Thursday. Sta[...] [empl]oyee Lee Myung-hwa[...] a medley of funny trot song[...] The audience instantly swelled to about 80 as the self-styled laughter-master performed his routine.
"Let's try this, open your mouth wide and say 'ha-ha' as you breathe out. Then 'ho-ho' when you breathe [...] he told the audience sitting on [...] stools.

During the warm up, the crowd were not shy but some were hesitant to follow his next direction.
"Let's look at others' eyes and make some funny gestures," he bellowed into a microphone, demon-strating his own funny expression.
A middle-age woman chuckled, h[...] impromptu partner giggled, [...] soon the entire platform was [...] with a roaring laughter.
"Laughter is contagious," Lee [...] The Korea Herald.

"It's like a knee-jerk reaction. When you repeat a set of practices you can laugh without thinking. It [...] but you need to practice, [...] help you lead a healthier [...] life," he said.
The 52-year-old subway work[...] has [...] en leading the weekly laughter [...] shop at the station since April

www.youngodot.com

The Korea Herald

코리아헤럴드 신문사와 저작권 계약

BILINGUAL READING

벨라 정 지음

쉽게 읽는 영자신문

Ⅰ

영어닷컴

영자 신문은 일반적인 생각보다 쉽게 읽을 수 있습니다.

우리가 잘 아는 바와 같이 글보다 먼저 생긴 말에 대하여 생각해 보면 주어와 동사 순서에 관계없이 상대방 말의 순서대로 이해하며 받아들입니다. 글에 있어서도 이와 같은 이해 방식은 똑같이 적용됩니다. 즉, "나는 책을 읽고 있어요." 라고 말해도 알고 "나는 읽고 있어요 책을" 이라고 말해도 이해하는 데는 아무런 문제가 없는 것처럼 그것이 한글이든 영문이든 읽어 내려가면서 이해하는 것이 바른 방향이면서 또한 빨리 읽을 수 있는 좋은 방법입니다. 단지 문장에 대해서는 기록이 가능하기 때문에 다시 반복하여 읽거나 음미해 볼 수 있는 차이는 있지만 어렵게 느껴지는 영자신문도 이 규칙을 따르기만 한다면 쉽게 읽을 수 있다는 것은 명백한 진실입니다.

영문을 읽어 내려가면서 이해하는 Up to down 방식이 올바른 규칙입니다.

우리는 영어를 모국어로 사용하는 사람들이 영문을 이해하는 방식에 관하여 진지하게 생각해 볼 필요가 있습니다. 그들은 절대로 눈으로 훑고 지나간 구문을 다시 거슬러 올라가서 이해를 완성하는 일은 없습니다. 글줄을 따라 눈이 읽으며 내려가는 순서대로 받아 들이는 이 간단한 규칙을 무리하게 한글 어순에 맞추려 하면서 이해를 방해할 필요는 없습니다. 게다가 한글을 읽으면서 문법을 떠올린 기억이 있는지 살펴봅시다. 문법은 영자신문을 이해하는데 오히려 혼돈을 주거나 속도를 느리게 만드는 영향을 줄 수도 있습니다. 그저 Up to down 하며 문장을 따라 내려가면 됩니다.

Bilingual Reading은 영어를 한글로 동시에 이해하며
Up to down하는 방식입니다.

영어를 짧게 구분하고 그에 맞는 한글 의미를 삽입하여 어휘는 물론이고 의미를 즉석에서 이해하고 지나갈 수 있도록 배려하였습니다. 이런 방식은 동사 앞에서 끊고 전치사 앞에서 끊고 관계사 앞에서 끊어가며 문장을 이해하는 양쪽 언어에 능통한 바이링구이스트 들이 영자신문을 쉽게 읽는 요령이면서 훈련에 의하여 스스로 누구나 터득할 수 있는 좋은 방법입니다. 바이링구얼 방식에 따라 영문을 읽어 내려가면 영자신문이 쉽다는 느낌을 공감하게 됩니다.

"쉽게 읽는 영자신문"은 Bilingual Reading 방식을 도입하여
영자신문을 쉽게 읽도록 안내합니다.

국내 최고의 영자신문인 코리아헤럴드 주말 판 (The Korea Herald Weekender) 중에서 영어공부에 가장 적절하다고 생각되며 읽는 이들로 하여금 신선한 감을 느끼게 해주는 네 가지 좋은 기사들을 선정하였습니다. 우리들이 영자 신문을 읽는 이유는 생생한 시사 상식과 더불어 국내 국외 기자, 석학, 과학자들이 전하는 견해를 통해서 현대 시대의 흐름을 알고자 하는 것입니다. 그와 더불어 같은 의미의 동의어, 유사어, 반대어를 폭 넓게 접하고 빠른 시간 내에 풍부한 단어와 영어의 중요 패턴을 자신의 지식으로 만들어 고급 영어를 자유롭게 읽고 구사하자는 것이 영자신문을 읽는 중요한 이유이기도 합니다. "쉽게 읽는 영자신문"이 흥미 있는 영어 기사 속으로 여러분을 가이드 합니다.

Dr. Bella Chung

2013. 6.

Hanok, where humans live with nature

인간이 자연과 더불어 살 수 있는 한옥

Boom in retro and eco-conscious style has hanok in high demand

복구와 자연생태 인식스타일 붐이 한옥의 수요를 크게 증가시켜 놓았다

Published : 2013-04-12 22:10
By **Bae Ji-sook** (baejisook@heraldcorp.com)

It's the journey that matters

여행은 중요한 것이다

Tourist trains showcase beauty of rural Korea

관광 열차는 한국 농촌의 아름다움을 보여준다

Published : 2013-04-19 21:16
By **Bae Hyun-jung** (tellme@heraldcorp.com)

People attend a laughter therapy workshop at the Korea Laughter Center in central Seoul on Tuesday.
Kim Myung-sub/The Korea Herald

화요일 서울에 있는 한국 웃음 센타에서 사람들이 웃음 치료 강습회에 참석하고 있다.

Laughter
the best medicine

웃음이 최고의 약이다

In a stressful world,
learning how to laugh brings many peace

스트레스를 많이 받는 세상에서
웃는 방법을 배우면 많은 평화를 가져다 준다

Published : 2013-04-05 20:39
By **Oh Kyu-wook** (596story@heraldcorp.com)

Bilingual Reading ⌄

A high-pitch electric sound 찢어질듯한 전기음이 suddenly 갑자기 brought to life the platform 플랫폼을 활기차게 했다 at Yeonsinnae Subway Station in northern Seoul 강북 연신내 전철역의 on a recent Thursday. 한 최근 목요일에

Station employee Lee Myung-hwan 역 직원 이명환씨가 belted out 불렀다 a medley of funny trot songs. 재미있는 트로트 송 멜로디를 The audience instantly 구경꾼들은 순식간에 swelled to about 80 80명으로 늘어났다 as the self-styled 자칭 laughter-master 웃음의 달인이 performed his routine. 매일 하는 이 일을 했을 때

"Let's try this, 자 다 같이 해봅시다 open your mouth wide 입을 넓게 벌리고 and say 'ha-ha' '하—하' 하세요 as you breathe out. 숨을 내쉬면서 Then 'ho-ho' '호—호' 해 보세요 when you breathe in," 숨을 들이 마시면서 he told 라고 그는 말했다 the audience sitting on plastic stools. 프라스틱 의자에 앉아 있는 구경꾼들에게

During the warm up, 준비운동 동안에 the crowd 군중들은 were not shy 부끄러워하지 않았고 but some 하지만 어떤 사람은 were hesitant 주저주저하면서 to follow his next direction. 다음 지시를 따라 했다

Translated into Korean

찢어질듯한 전기음이 한 최근 목요일의 강북 연신네 전철역 플랫폼을 활기차게 했다.

역 직원 이명환씨가 재미있는 트로트 송 멜로디를 불렀다. 자칭 웃음의 달인이 매일 하는 이 일을 했을 때 구경꾼들은 순식간에 80명으로 늘어났다.

"자 다 같이 해봅시다, 입을 넓게 벌리고 숨을 내쉬면서 '하-하' 하세요. 그런 다음 숨을 들이마시면서 '호-호' 해 보세요" 라고 프라스틱 의자에 앉아 있는 구경꾼들에게 말했다.

준비운동 동안에 군중들은 부끄러워하지 않았지만 어떤 사람은 주저주저하면서 다음 지시를 따라 했다.

Article ☑

A high-pitch electric sound suddenly brought to life the platform at Yeonsinnae Subway Station in northern Seoul on a recent Thursday.

Station employee Lee Myung-hwan belted out a medley of funny trot songs. The audience instantly swelled to about 80 as the self-styled laughter-master performed his routine.

"Let's try this, open your mouth wide and say 'ha-ha' as you breathe out. Then 'ho-ho' when you breathe in," he told the audience sitting on plastic stools.

During the warm up, the crowd were not shy but some were hesitant to follow his next direction.

★ 단어와 숙어

warm up 준비 운동, 워밍업, 준비 운동을 하다	**chuckle** 킬킬 웃다
crowd 군중, 붐비다, 많음	**impromptu** 즉석의, 즉흥적인
shy 수줍은, 부끄러운, 내성적인, 모자라는, 꺼리는	**giggle** 낄낄 웃다, 참으면서 웃다
hesitant 망설이는, 주저하는	**roar** 소리지르다, 포효하다
follow 뒤따르다, 따라가다	**laughter** 웃음, 웃음소리
next direction 다음 지시	**contagious** 전염성이 있는, 작 번지는
funny gesture 재미있는, 웃기는 몸짓	**trigger** 유발하다, 기폭제, 일으키다, 방아쇠
bellow 큰소리로 고함치다, 으르렁거리다	**physically** 신체적으로
demonstrate 설명하다, 증명하다	**self-styled** 자칭의, 자임하는

Explanation ⌄

A high-pitch electric sound suddenly brought to life the platform at Yeonsinnae Subway Station in northern Seoul on a recent Thursday.

❄ **bring something to life** 무엇 무엇을 (something) 활기차게 하다.

❄ **bring to life platform ~** 플렛트폼(승강장)을 활기차게 하다.

Station employee Lee Myung-hwan belted out a medley of funny trot songs.

❄ **medley of funny trot songs** 재미있는 트로트 메들리

❄ **belt out ~** 노래를 부르다

The audience instantly swelled to about 80 as the self-styled laughter-master performed his routine.

❄ **swell to ~** 숫자, 군중들이 늘어나다 또는 불어나다

❄ **'as'** 는 '무엇을 했을 때' **'when'**의 의미를 갖는다.

["Let's try this, open your mouth wide and say 'ha-ha' as you breathe out.

❄ **open your mouth wide ~ 'wide'**는 부사로 쓰이고 있다. 즉 입을 넓게 벌리세요.

Then 'ho-ho' when you breathe in,"] he told the audience sitting on plastic stools.

❄ **Then ~** 다음에 **'ho-ho' when you breathe in ~** 호흡을 들이 마실 때는 **'ho-ho'**

Bilingual Reading ⌄

"Let's look at others' eyes 우리 서로의 눈을 쳐다보고 and make some funny gestures," 재미있는 동작 몇 가지를 합시다 he bellowed into a microphone, 그는 마이크에 소리를 질렀고 demonstrating his own funny expression. 그 자신의 재미있는 표현을 보여주었다

A middle-age woman 한 중년 여성은 chuckled, 낄낄거렸고 her impromptu partner 그의 즉석 파트너는 giggled, 껄껄거렸다 and soon the entire platform 곧 전체 무대가 was filled with a roaring laughter. 우렁찬 웃음으로 가득 찼다

"Laughter is contagious," 웃음은 전염병이다 Lee told The Korea Herald. 라고 이는 코리아헤럴드에 말했다

Laughter 웃음은 can be triggered physically 신체적으로 유발될 수 있다 through singing, dancing and playing together. 노래하고 춤 추고 같이 놀음으로써

"It's like a knee-jerk reaction. 이것은 반사 작용과 같습니다 When you repeat a set of practices 여러분이 일정한 동작을 반복할 때 you can laugh without thinking. 생각 없이 웃을 수 있습니다 It looks easy, 보는 것은 쉽지만 but you need to practice, 연습이 필요하고 then 그렇게 되면 it will help 돕게 될 것입니다 you lead a healthier and happier life," 여러분이 더 건강하고 더 행복한 생활로 이어지는 것을 he said. 라고 그는 말했다

Translated into Korean

"우리 서로의 눈을 쳐다보고 재미있는 동작 몇 가지를 합시다", 그는 마이크에 소리를 질렀고 그 자신의 재미있는 표현을 보여주었다.

한 중년 여성은 낄낄거렸고 그의 즉석 파트너는 껄껄거렸다. 곧 전체 무대가 우렁찬 웃음으로 가득 찼다. 웃음은 전염병이다 라고 이는 코리아헤럴드에 말했다.

웃음은 신체적으로 노래하고 춤추고 같이 놀음으로써 유발될 수 있다.

"이것은 반사 작용과 같습니다. 여러분이 일정한 동작을 반복할 때 생각 없이 웃을 수 있습니다. 보는 것은 쉽지만 연습이 필요하고 그렇게 되면 여러분이 더 건강하고 더 행복한 생활로 이어지는 것을 돕게 될 것입니다." 라고 그는 말했다.

Article

"Let's look at others' eyes and make some funny gestures," he bellowed into a microphone, demonstrating his own funny expression.

A middle-age woman chuckled, her impromptu partner giggled, and soon the entire platform was filled with a roaring laughter.

"Laughter is contagious," Lee told The Korea Herald.

Laughter can be triggered physically through singing, dancing and playing together.

"It's like a knee-jerk reaction. When you repeat a set of practices you can laugh without thinking. It looks easy, but you need to practice, then it will help you lead a healthier and happier life," he said.

★ 단어와 숙어

trigger 촉발하다, 야기되다, 유발되다
knee-jerk 무릎 반사, 자동으로 반응하는
workshop 강습회, 연구회
lead 지도하다, 안내하다
session 회, 개회 중
trademark 트레이드마크, 상표, ~의 상표를 등록하다

relive 다시 구제하다, 소생시키다, 상기하다
tension 긴장, 갈등, 불안
improve 향상시키다, 개선하다
blood circulation 혈액 순환
connect 연결하다, 잇다

Explanation

"Let's look at others' eyes and make some funny gestures," he bellowed into a microphone, demonstrating his own funny expression.

A middle-age woman chuckled, her impromptu partner giggled, and soon the entire platform was filled with a roaring laughter.

"Laughter is contagious," Lee told The Korea Herald.

Laughter can be triggered physically through singing, dancing and playing together.

"It's like a knee-jerk reaction. When you repeat a set of practices you can laugh without thinking. It looks easy, but you need to practice, then it will help you lead a healthier and happier life," he said.

❄ **like something ~** 어떤 것과 같아 보인다 **It looks like rain.** 비가 올 것같이 보인다. **It's like a knee-jerk reaction.** 이것은 반사작용과 같은 것이다.

❄ **It will help you (to) lead a healthier life.** '**lead**' 동사 앞에 부정사 '**to**' 가 생략되었다.

Bilingual Reading ⌄

The 52-year-old subway worker 그 52세 지하철 직원은 has been leading the weekly laughter workshop 주간 웃음 강습회를 지도해 왔다 at the station 그 역에서 since April 2009. 2009년 4월부터 Reaching its 200th session three weeks ago, 3주 전에 제 200회를 달성한 the event 이 행사는 has become the trademark of the subway station, 그 역의 대표적 상징이 되었다 which some 일부 사람들이 call the "Laugher Stop." "웃음 역"이라고 부르는

Laughing 웃음은 is said 전해진다 to reduce stress, 스트레스를 줄이고 relive tension, 긴장을 해소하고 improve blood circulation 혈액순환을 개선하며 and help people connect. 사람들과 연결을 돕는 다고 It is easy, 이것은 쉽고 fun and free of charge. 재미있으며 부담이 없다

As demand for preventative care grows 예방치료 요구가 커져가고 and medical costs rise, 의료비가 상승함에 따라 laughter therapy 웃음 치료 요법은 is fast spreading 빠르게 확대되고 있다 among clinics, 진료소 사이에서 community centers 마을 공동센타 and even 심지어 public places like Lee's subway club. 이씨의 지하철 강습회와 같은 공공 장소에까지

One 사람들은 might imagine 상상할지 모른다 that laughing loudly and making noise 크게 웃고 소란스럽게 하는 것은 with singing, clapping and chanting 노래를 부르며 손뼉 치며 같이 연창 하며 are not welcome in the subway station. 지하철 역에서 바람직하지 못하다고

Translated into Korean ⌄

그 52세 지하철 직원은 2009년 4월부터 매주 웃음 강습회를 지도해 왔다. 3주 전에 제 200회를 달성한 이 행사는 그 지하철 역을 일부 사람들이 "웃음 역"이라고 부르는 대표적 상징이 되었다.

웃음은 스트레스를 줄이고 긴장을 해소하고 혈액순환을 개선하며 사람들과 연결을 돕는 다고 전해진다. 이것은 쉽고, 재미있으며 부담이 없다.

예방 관심의 요구가 커져가고 의료비가 상승함에 따라 웃음 치료 요법은 진료소 사이에서, 마을 공동센타 심지어 이씨의 지하철 강습회와 같은 공공 장소에까지 빠르게 확대되고 있다.

사람들은 노래를 부르며 손뼉 치며 같이 연창 하며 크게 웃고 소란스럽게 하는 것은 지하철 역에서 바람직하지 못하다고 상상할지 모른다.

Yeonsinnae Station employee Lee Myung-hwan leads his weekly laughter class at the subway station on March 28.　　Lee Sang-sub/The Korea Herald

연신내 역 직원 이명환씨는 3월 28일 전철역에 일주일에 한번씩 진행되는 웃음클래스를 이끌고 있다.

Article ▾

The 52-year-old subway worker has been leading the weekly laughter workshop at the station since April 2009. Reaching its 200th session three weeks ago, the event has become the trademark of the subway station, which some call the "Laugher Stop."

Laughing is said to reduce stress, relive tension, improve blood circulation and help people connect. It is easy, fun and free of charge.

As demand for preventative care grows and medical costs rise, laughter therapy is fast spreading among clinics, community centers and even public places like Lee's subway club.

One might imagine that laughing loudly and making noise with singing, clapping and chanting are not welcome in the subway station.

★ 단어와 숙어

demand 요구, 수요
preventative care 예방 치료, 관리
laughter therapy 웃음 치료
spread 확산하다
clinic 진료, 병원
community center 지역사회 문화회관

clapping 박수, 손뼉치기
chant 연호, 계속해서 부르다
deploy 전개하다, 사용하다, 배치하다
lecture program 강연회
spacious 널찍한, 공간이 넓은
charge 부담, 요금, 충전

Explanation

The 52-year-old subway worker has been leading the weekly laughter workshop at the station since April 2009. Reaching its 200th session three weeks ago, the event has become the trademark of the subway station, which some call the "Laugher Stop."

- **~ has been leading the weekly laughter workshop** 일주일에 한번 열리는 웃음의 장소를 이끌어 가고 있다. (현재완료진행형)

Laughing is said to reduce stress, relive tension, improve blood circulation and help people connect. It is easy, fun and free of charge.

- **It is said that laughing reduces stress.** 은 위의 문장과 같이 바꾸어 쓸 수 있다.

As demand for preventative care grows and medical costs rise, laughter therapy is fast spreading among clinics, community centers and even public places like Lee's subway club.

- **As demand for preventive care grows** 예방적 관심의 요구가 늘어나기 때문에 **laughter therapy is fast spreading among clinic** 웃음의 치료법이 클리닉 의사들 간에 빠르게 확산되어 가고 있다.
- **even public places like Lee's subway club** '이'의 지하철 클럽과 같은 공공장소

One might imagine that laughing loudly and making noise with singing, clapping and chanting are not welcome in the subway station.

- **'might'**는 미래의 불확실한 추측을 나타낸다. ~일지도 모른다
- **One might imagine** 사람은 상상 할지도 모른다.
- **'laughing'**과 **'making'**은 동명사로서 이 문장에서 주어 역할을 한다.

Bilingual Reading

But 그러나 when he was deployed to the station 그가 이 역으로 배치 되었을 때 four years ago, 4년 전에 he found it the right place 이곳이 적합한 장소라는 것을 알게 되었다 to practice his lecture program. 그의 강습 프로그램을 실행 하기에

"It's quite spacious, 이 곳은 공간이 넓고 and the good thing 좋은 점은 is no matter whether it is raining or snowing 비가 오든 눈이 오든 상관없이 people always come here," 사람들이 언제나 이곳에 온다는 것이다 he said. 그는 말했다

Lee first came across laughter therapy 이는 처음에 우연히 웃음 치료법을 알게 되었다 in 2008 2008년도에 while looking for a new career path. 새로운 직업의 길을 찾고 있는 동안 He got hooked instantly 그는 즉시 매력에 빠졌다 after taking up his first laughter class 처음으로 웃음 클래스에 가입한 후 and became a certified laughter instructor. 그리고 자격 있는 웃음 전도사가 되었다

"When I started, 내가 시작했을 때 there was only one or two, 겨우 한 두 사람이 있었고 and sometimes hardly any participants. 어떤 때는 참석자가 거의 한 사람도 없었다. Some commuters 어떤 승객들은 looked around me 나를 뒤돌아보았다 at shouting into the microphone, 내가 마이크에 대고 소리 지를 때 but soon continued on their way. 그러나 곧 그들의 갈 길을 가버렸다 It was very embarrassing," 이것은 대단히 당혹스런 일이었다 he recalled. 고 그 당시를 회고했다

Translated into Korean

그러나 그가 4년 전에 이 역으로 배치 되었을 때 그의 강습 프로그램을 실행 하기에 이 곳이 적합한 장소라는 것을 알게 되었다.

이 곳은 공간이 넓고 좋은 점은 비가 오든 눈이 오든 상관없이 사람들이 언제나 이곳에 온다는 것이다 라고 그는 말했다.

이씨는 새로운 직업의 길을 찾고 있는 동안 2008년도에 웃음 치료법을 처음으로 알게 되었다. 그는 처음으로 웃음 클래스에 가입하고 즉시 매력에 빠졌으며 그리고 자격 있는 웃음 전도사가 되었다.

내가 시작했을 때 겨우 한 두 사람이 있었고 어떤 때는 참석자가 거의 한 사람도 없었다. 어떤 승객들은 내가 마이크에 대고 소리 지를 때 나를 뒤돌아보았다. 그러나 곧 그들의 갈 길을 가버렸다. 이것은 대단히 당혹스런 일이었다 고 그 당시를 회고했다.

Article

But when he was deployed to the station four years ago, he found it the right place to practice his lecture program.

"It's quite spacious, and the good thing is no matter whether it is raining or snowing people always come here," he said.

Lee first came across laughter therapy in 2008 while looking for a new career path. He got hooked instantly after taking up his first laughter class and became a certified laughter instructor.

"When I started, there was only one or two, and sometimes hardly any participants. Some commuters looked around me at shouting into the microphone, but soon continued on their way. It was very embarrassing," he recalled.

★ 단어와 숙어

come across 우연히 만나다, 이해되다
career path 직업
hooked 갈고리형의, 열중한, 중독의
instantly 곧, 즉각, 하자마자
take up 시작하다, 받다
certified 공인의, 증명서를 소지한
participant 참가자, 참여자
commuter 통근자, 정기적인 통근자

shout 외치는, 큰소리
microphone 확성기, 마이크
embarrassing 부끄러운, 난처한, 당황스러운
recall 회상하다, 기억하다
grab 붙잡다, (남의) 마음을 사로 잡다
attention 관심, 주목
hone 연마하다, 갈다

Explanation ⌄

But when he was deployed to the station four years ago, he found it the right place to practice his lecture program.

he found it (is) the right place. 그는 그것이 올바른 장소라는 것을 알았다.

"It's quite spacious, and the good thing is no matter whether it is raining or snowing people always come here," he said.

✲ **It's quite spacious** 이곳은 꽤 장소가 넓다.

✲ **The good thing is no matter whether it is raining or snowing** ∼ 좋은 점은 비가 오든 눈이 오든 상관없다.

Lee first came across laughter therapy in 2008 while looking for a new career path. He got hooked instantly after taking up his first laughter class and became a certified laughter instructor.

✲ **Lee first came across laughter therapy in 2008 while looking for a new career path.** 이씨는 새로운 직업을 찾으면서 처음으로 웃음치료법을 만났다.

✲ **get hooked instantly** 즉시 매료되다

"When I started, there was only one or two, and sometimes hardly any participants. Some commuters looked around me at shouting into the microphone, but soon continued on their way. It was very embarrassing," he recalled.

✲ **sometimes hardly any participation** 어떤 때는 참석자가 거의 없었다. **Some commuters looked around me at shouting into microphone,** 마이크로 소리칠 때 어떤 승객은 (commuters) 나를 둘러보았다 **but soon continued their way** 그러나 곧 그들의 길을 계속했다 (그들의 길을 가 버렸다.)

Bilingual Reading

Lee 이씨는 needed to something special 무언가 특별한 일이 필요했다 to grab people's attention. 사람들의 관심을 사로잡는 He began to sing, 그는 노래를 부르기 시작했고 honed his speech skills, 그의 말하는 기술을 연마했으며 and practiced jokes. 농담도 연습했다

As time went, 시간이 가면서 his Subway Laughter Class 그의 전철역 웃음 클래스는 began to attract increasingly large audiences, 점점 더 많은 관중을 끌어들이기 시작했고 was featured in a local newspaper, 지역신문에서 특집으로 다루었으며 and became a hit program 그리고 인기 프로그램이 되었다 luring at least 80 people every week. 매주 최소한 80명을 끌어 들이는

"He is now a real star, 그는 지금 진정한 스타다 everyone from our company knows him, 우리 회사의 모두가 그를 알고 and his laughter class 그의 웃음 클래스는 has become the main theme of our station," 우리 역의 주요한 테마가 되었다 said Yang Kap-soon, the head of Yeonsinnae Station. 라고 연신내 역장 양갑순 씨가 이야기했다

Participants 참석자들은 said they had never felt better. 그들이 이렇게 좋은 기분을 느낀 적이 없었다 라고 말했다

"I don't remember when I laughed so much like this and I feel really good," 내가 이렇게 많이 웃고 내가 이렇게 기분이 좋았던 때가 없었다 said Choi Ok-soon, 84, who participated in the session for the first time. 라고 처음으로 이 모임에 참석한 최옥순(84) 씨가 말했다

Translated into Korean

이씨는 사람들의 관심을 사로잡기 위하여 무언가 특별한 일이 필요했다. 그는 노래를 부르기 시작했고 그의 말하는 기술을 연마했으며 농담도 연습했다.

시간이 가면서 그의 전철역 웃음 클래스는 점점 더 많은 관중을 끌어 들이기 시작했고 지역신문에서 특집으로 다루었으며 그리고 매주 최소한 80명을 끌어 들이는 인기 프로그램이 되었다.

"그는 지금 진정한 스타다. 우리 회사의 모두다 그를 알고 그의 웃음 클래스는 우리 역의 주요한 테마가 되었다." 라고 연신내 역장 양갑순 씨가 이야기 했다.

참석자들은 그들이 이렇게 좋은 기분을 느낀 적이 없었다 라고 말했다.

"내가 이렇게 많이 웃고 내가 이렇게 기분이 좋았던 때가 없었다." 라고 처음으로 이 모임에 참석한 최옥순(84) 씨가 말했다.

Article

Lee needed to something special to grab people's attention. He began to sing, honed his speech skills, and practiced jokes.

As time went, his Subway Laughter Class began to attract increasingly large audiences, was featured in a local newspaper, and became a hit program luring at least 80 people every week.

"He is now a real star, everyone from our company knows him, and his laughter class has become the main theme of our station," said Yang Kap-soon, the head of Yeonsinnae Station.

Participants said they had never felt better.

"I don't remember when I laughed so much like this and I feel really good," said Choi Ok-soon, 84, who participated in the session for the first time.

★ 단어와 숙어

attract 끌다. 유치하다. 유인하다
audience 청중. 관객
feature 기사로 다루다. 출연하다. 특집으로 다루다

lure 끌어들이다. 유치하다
main theme 주요 주제
never felt better 더 이상 좋을 수 없다

Explanation ⌄

Lee needed to something special to grab people's attention. He began to sing, honed his speech skills, and practiced jokes.

❄ **hone his speech skills** 화법을 연마하다.

As time went, his Subway Laughter Class began to attract increasingly large audiences, was featured in a local newspaper, and became a hit program luring at least 80 people every week.

❄ 지역 신문에 특집으로 다루어졌다.

❄ **'luring'** 은 현재분사로써 앞에 놓인 명사 **hit program**을 수식한다. (매주 최소 80 명을 유혹하는 인기 프로그램이 되었다.)

"He is now a real star, everyone from our company knows him, and his laughter class has become the main theme of our station," said Yang Kap-soon, the head of Yeonsinnae Station.

❄ **everyone from our company knows him** 우리회사의 모든 사람은 그를 안다.

Participants said they had never felt better.

❄ never (부정부사) + 비교급 형용사는 그 형용사의 최상급이다.

❄ 참석자들은 그들은 이보다 더 행복 할 수 없었다고 말했다.

"I don't remember when I laughed so much like this and I feel really good," said Choi Ok-soon, 84, who participated in the session for the first time.

Bilingual Reading

Noh Kyung-soon, 77, 노경순(77)은 said she travels an hour 한 시간을 온다 고 말했다 to attend Lee's workshop 이(명환)씨가 일하는 이곳으로 참석하기 위해 every week. 매주

"I'm always alone at home, 나는 언제나 집에 혼자 있어요 so hardly laugh at home. 그래서 집에서는 거의 웃는 일도 없어요 So I come here to laugh 나는 이곳에 와서 웃고 and blow away my stress," she added. 그리고 스트레스를 날려버려요" 라고 그녀는 말을 이었다

Laughter therapy 웃음의 치료법은 has been popular around the world. 전 세계적으로 유행이 되어 왔다 The best known 가장 잘 알려있는 것은 is Laughter Yoga developed by Madan Kataria, 마단 카타리아 에 의해 개발된 웃음요가(Laughter Yoga) 이다 a physician from India, 인도 출신 의사인 in the 1990s. 1990년도에 The skill is now practiced in some 5,000 clubs worldwide. 그 기술은 전세계 5000여 개 클럽에서 시행되고 있다

Kataria wrote in an article 카타리아는 한 기사에서 썼다 that he was impressed 그는 깊은 감명을 받았다고 by the findings 라는 기사를 보고 of Norman Cousins, an American journalist 미국 언론인 노만 커진 씨가 who was diagnosed in 1964 with a degenerative disease 1964년 퇴행성 질환으로 진단 받고 and given at best six months to live, 살 수 있는 기간은 기껏해야 6개월로 진단 받았지만 yet managed to heal himself 이 질병을 고칠 수 있었다 using laughter as his main form of therapy. 웃음을 그의 주요한 치료법으로 이용하여

Translated into Korean

노경순(77)은 이(명환)씨가 일하는 이곳으로 참석하기 위해 매주 한 시간을 온다 고 말했다.

"나는 언제나 집에 혼자 있어요, 그래서 집에서는 거의 웃는 일도 없어요. 나는 이곳에 와서 웃고 그리고 스트레스를 날려버려요" 라고 그녀는 말을 이었다.

웃음의 치료법은 전 세계적으로 유행이 되어 왔다. 가장 잘 알려있는 것은 1990년도 인도 출신 의사 마단 카타리아 에 의해 개발된 웃음 요가(Laughter Yoga). 이다. 그 기술은 전세계 5000여개 클럽에서 시행되고 있다.

카타리아는 한 기사에서 미국 언론인 노만 커진 씨가 1964년 퇴행성 질환으로 진단 받고 살 수 있는 기간은 기껏해야 6개월로 진단 받았지만 웃음을 그의 주요한 치료법으로 이용하여 이 질병을 고칠 수 있었다 라는 기사를 보고 그는 깊은 감명을 받았다 라고 썼다.

Article ⌄

Noh Kyung-soon, 77, said she travels an hour to attend Lee's workshop every week.

"I'm always alone at home, so hardly laugh at home. So I come here to laugh and blow away my stress," she added.

Laughter therapy has been popular around the world. The best known is Laughter Yoga developed by Madan Kataria, a physician from India, in the 1990s. The skill is now practiced in some 5,000 clubs worldwide.

Kataria wrote in an article that he was impressed by the findings of Norman Cousins, an American journalist who was diagnosed in 1964 with a degenerative disease and given at best six months to live, yet managed to heal himself using laughter as his main form of therapy.

★ 단어와 숙어

travel 이동하다, 달려오다, 여행하다
hardly 거의 ~ 아니다, 거의 ~할 것 같지 않다, ~하기 어렵다
blow away 날려 버리다, ~을 사살하다, 떠나다
popular 인기 있는, 유명한, 대중의, 국민의
physician 의사, 치유하는 사람
skill 기술, 실력, 기능
article 기사, 논문, 조항

impress 감동을 주다, 인상
finding 결과물, 찾아낸 것
journalist 기자, 언론인, 저널리스트
diagnose 진단하다, 규명하다, 원인을 규명하다
degenerative 퇴행성의, 퇴화하고 있는
disease 질병, 질환
yet 아직, 그러나, 하지만, 그런데도, 여전히
heal 치유되다, 치료하다, 낫다, 효능이 있다

Explanation ⌄

Noh Kyung-soon, 77, said she travels an hour to attend Lee's workshop every week.

✳ **'workshop'** 은 실험실, 연구실 또는 일터, 회합을 의미한다.

"I'm always alone at home, so hardly laugh at home. So I come here to laugh and blow away my stress," she added.

✳ **at home** 집에 있을 때는, **I'm always alone.** 언제나 외롭다. 언제나 혼자이다.

✳ **so hardly laugh at home. (주어는 'I' 임) hardly**는 (거의 하지 않다) 라는 준 부정 부사. 집에서는 나는 거의 웃지 않는다.

Laughter therapy has been popular around the world. The best known is Laughter Yoga developed by Madan Kataria, a physician from India, in the 1990s. The skill is now practiced in some 5,000 clubs worldwide.

✳ **has been popular** 그 동안 인기가 있었다. **around the world** 전 세계적으로

Kataria wrote in an article that he was impressed by the findings of Norman Cousins, an American journalist who was diagnosed in 1964 with a degenerative disease and given at best six months to live, yet managed to heal himself using laughter as his main form of therapy.

✳ **as diagnosed in 1964 with a degenerative disease** 퇴행성 질병으로 진단받다

✳ **given at best six month s to live** 최고 6개월을 살수 있다는 진단을 받은

✳ **yet managed to heal himself** 용케 치료를 할 수가 있었다

Bilingual Reading

Laugher therapy 웃음 치료법은 was introduced to Korea in the early 2000s. 2000년대 초에 한국에 소개되었다 Han Kwang-il, the head of Laughter Therapy Association, 웃음 협회장인 한광일 씨는 is one of the pioneers of the movement. 이 운동의 선구자 중 한 사람이다 He set up the association in 2001 그는 2001년에 이 협회를 설립하고 and has since been hosting a laughter workshop 그 이래로 웃음 강습회를 직접 이끌고 있다 at the Korea Laughter Center. 한국 웃음 센터에서

There are about 150 laughter therapy clubs 약 150개의 웃음 치료 클럽이 있다 in Korea 한국에 according to Han. 한광일 씨에 의하면 Around 30,000 people 약 3만명의 사람들이 have participated in his class 그의 클래스에 참석했으며 so far, 지금까지 and 1,000 of them currently 그들 중 1000명이 현재 활동하고 있다 as certified laughter therapists. 자격 웃음 치료사로

To laugh, 사람을 웃기기 위해서는 no special skill is required. 특별한 기술을 필요로 하지 않는다 Yet in this increasingly stressful 하지만 이렇게 스트레스가 쌓이고 and fast-changing environment, 빠르게 변화되는 환경에서 laughing is becoming something to be learned 웃음은 배워야 할 중요한 것이 되고 있다 if we want to lead a healthy and happy life, 우리가 건강하고 행복한 생활을 이끌어 가기를 원한다면 Han told The Korea Herald. 라고 한은 코리아헤럴드 인터뷰에서 말했다

"Laughter 웃음은 stops us from being stressed. 우리들을 긴장하지 않게끔 만든다 And as the world gets more stressful, 이 세상이 점점 스트레스에 쌓이고 있기 때문에 more people 더 많은 사람들이 find it important to learn how to laugh," 웃는 방법을 배우는 것이 중요하다고 생각한다 Han said. 고 한이 말했다

Translated into Korean

웃음 치료법은 2000년대 초에 한국에 소개되었다. 웃음 협회장인 한광일 씨는 이 운동의 선구자 중 한 사람이다. 그는 2001년에 이 협회를 설립하고 그 이래로 한국 웃음 센터에서 웃음 강습회를 직접 이끌고 있다.

한광일 씨에 의하면 한국에 약 150개의 웃음 치료 클럽이 있다. 약 3만명의 사람들이 지금까지 그의 클래스에 참석했으며 그들 중 1000명이 현재 자격 웃음 치료사로 활동하고 있다.

사람을 웃기기 위해서는 특별한 기술을 필요로 하지 않는다. 하지만 이렇게 점점 스트레스가 쌓이고 빠르게 변화되는 환경에서 웃음은 우리들이 건강하고 행복한 생활을 이끌어 가기를 원한다면 배워야 할 중요한 것이 되고 있다 라고 한은 코리아헤럴드 인터뷰에서 말했다.

"웃음은 우리들을 긴장하지 않게끔 만든다. 이 세상이 점점 스트레스에 쌓이고 있기 때문에 더 많은 사람들이 웃는 방법을 배우는 것이 중요하다고 생각한다" 고 한이 말했다.

Article ⌄

Laugher therapy was introduced to Korea in the early 2000s. Han Kwang-il, the head of Laughter Therapy Association, is one of the pioneers of the movement. He set up the association in 2001 and has since been hosting a laughter workshop at the Korea Laughter Center.

There are about 150 laughter therapy clubs in Korea according to Han. Around 30,000 people have participated in his class so far, and 1,000 of them currently work as certified laughter therapists.

To laugh, no special skill is required. Yet in this increasingly stressful and fast-changing environment, laughing is becoming something to be learned if we want to lead a healthy and happy life, Han told The Korea Herald.

"Laughter stops us from being stressed. And as the world gets more stressful, more people find it important to learn how to laugh," Han said.

★ **단어와 숙어**

therapist 치료사, 치료 전문가, 임상의
currently 현재의, 일반적으로, 널리
required 필요한, 필수인
stressful 긴장이 많은, 스트레스가 많은
fast changing 빠르게 변하는
environment 환경, 상황, 분위기

association 협회, 단체, 연합, 조합
pioneer 선구적인, 개척적인, 선도적인, 창시자
movement 운동, 움직임
set up ~세우다, 설립하다
host 개최하다, 주최하다, 진행하다

Explanation ⌄

Laugher therapy was introduced to Korea in the early 2000s. Han Kwang-il, the head of Laughter Therapy Association, is one of the pioneers of the movement. He set up the association in 2001 and has since been hosting a laughter workshop at the Korea Laughter Center.

✸ **introduce** ~을 도입하다 **laughter therapy was introduced to Korea in the early 2000s.** 웃음의 치료법이 2000년도 초에 도입되었다

There are about 150 laughter therapy clubs in Korea according to Han. Around 30,000 people have participated in his class so far, and 1,000 of them currently work as certified laughter therapists.

✸ **work as certified laughter therapist** 공인 웃음 치료사로 일하다

To laugh, no special skill is required. Yet in this increasingly stressful and fast-changing environment, laughing is becoming something to be learned if we want to lead a healthy and happy life, Han told The Korea Herald.

✸ **To laugh, no special skill is required.** (사람을) 웃기기 위해서 특별한 기술은 필요로 하지 않는다.

"Laughter stops us from being stressed. And as the world gets more stressful, more people find it important to learn how to laugh," Han said.

✸ **stop a person from doing something** ~에게 어떤 일을 하지 못하게 하다

Bilingual Reading

There is an increasing demand for laughter therapy workshops 웃음 치료 워크샵에 대한 요구가 늘고 있다 from many places, 많은 장소에서 such as companies, institutions, hospitals and even army camps, 회사, 기관, 병원, 심지어 군 영내와 같은 he said. 라고 그는 말했다

"I travel an average 300 kilometers a day 나는 하루에 평균 300km를 여행한다 to run 이끌어 가기 위하여 laughter therapy workshops 웃음치료 워크샵을 across the country." 이 나라 전체를 다니면서

There is no nationally authorized certification or standard qualification 국가에 의해서 승인된 증명서나 자격 기준은 없다 to become a laughter therapist. 웃음 전도사가 되기 위해서 But there are now many places here, 그러나 지금 한국에는 많은 장소가 있다 including the Korea Laughter Center, 한국 웃음 센터를 포함하여 where people 이곳에서 사람들은 can take up training sessions 훈련을 받을 수 있다 to receive some form of certification. 일종의 자격 같은 것을 받기 위하여

On a recent Saturday, 최근 한 토요일 날 about 30 people, mostly middle-aged, 약 30명 정도의 대부분 중년층 사람들이 gathered at the center, 센터에 모였다 located in the basement of a high-rise building near Seoul Station in central Seoul. 서울 중부 서울역 가까이에 있는 한 고층건물 지하에 위치한

Translated into Korean

회사, 기관, 병원, 심지어 군 영내와 같은 많은 장소에서 웃음 치료 워크샵에 대한 요구가 늘고 있다 라고 그는 말했다.

"나는 이 나라 전체를 다니면서 웃음치료 워크샵을 이끌어 가기 위하여 하루에 평균 300km를 여행한다."

웃음 전도사가 되기 위해서 국가에 의해서 승인된 증명서나 자격 기준은 없다. 그러나 지금은 한국 웃음 센터를 포함하여 많은 장소가 있다. 이곳에서 사람들은 일종의 자격 같은 것을 받기 위하여 훈련을 받을 수 있다.

최근 한 토요일 날 약 30명 정도의 대부분 중년층 사람들이 사람들이 서울 중부 서울역 가까이에 있는 한 고층건물 지하에 위치한 센터에 모였다.

Article ∨

There is an increasing demand for laughter therapy workshops from many places, such as companies, institutions, hospitals and even army camps, he said.

"I travel an average 300 kilometers a day to run laughter therapy workshops across the country."

There is no nationally authorized certification or standard qualification to become a laughter therapist. But there are now many places here, including the Korea Laughter Center, where people can take up training sessions to receive some form of certification.

On a recent Saturday, about 30 people, mostly middle-aged, gathered at the center, located in the basement of a high-rise building near Seoul Station in central Seoul.

★ 단어와 숙어

increasing 증가하는, 점점 더 늘어나는
company 회사
institution 협회, 기관, 부처
hospital 병원
army camp 군대 훈련소
average 평균
across 전역에서, 가로질러서, ~에 걸쳐서
nationally 국가적으로

authorized 정식으로 인가된, 승인된
standard qualification 표준적인 자격
recent 최근의
middle-aged 중년의, 중년층
gather 모이다
located 위치한, 자리를 잡은
basement 지하실, 지하
high-rise building 고층빌딩

Explanation ⌄

There is an increasing demand for laughter therapy workshops from many places, such as companies, institutions, hospitals and even army camps, he said.

❋ **There is an increasing demand for laughter therapy** 웃음치료법의 요구가 점점 늘어나고 있다.

"I travel an average 300 kilometers a day to run laughter therapy workshops across the country."
There is no nationally authorized certification or standard qualification to become a laughter therapist. But there are now many places here, including the Korea Laughter Center, where people can take up training sessions to receive some form of certification.

❋ **But there are now many places here** 이 문장에서 'here'은 이곳 즉, 한국을 가리킨다

❋ **to become a laughter therapist** (부정사의 형용사적 용법) 앞에 오는 단어 **'standard qualification'**을 수식한다. 즉 웃음 치료사가 되기 위한 표준적인 자격

On a recent Saturday, about 30 people, mostly middle-aged, gathered at the center, located in the basement of a high-rise building near Seoul Station in central Seoul.

❋ **about 30 people, mostly middle-aged ~** 약 30명, 거의가 중년층

Bilingual Reading ⌄

The two-day training 이틀간 훈련은 consists of sessions 강의로 이루어진다 on the benefits of laughter 웃음의 혜택과 and basic methods for how to lead a laughter class. 웃음 클래스를 이끌어 가는 기본 방법에 대한 At the end of the training 훈련 마지막에 the participants 참석자들은 are certified as laughter leaders. 웃음 지도자로 자격이 주어진다

Han 한씨는 started the day with his standard warm-ups 그가 정한 워밍업으로 그 날을 시작했다 that he called the "endorphin stretching" session 그것을 그는 "엔돌핀 증대" 시간이라고 불렀고 which includes gentle body movements 여기에는 부드러운 몸 동작이 포함된다 with repetitive clapping 연속적으로 손뼉치고 and chanting together with laughing. 웃으면서 같이 노래 부른다

"Lift your shoulders up to your ears 어깨를 귀에까지 올리세요 while you breathe in, 여러분들이 숨을 들이마시는 동안에 then 그리고 drop them 어깨를 떨어뜨리세요 while you breathe out," 숨을 내쉴 때는 Han told the class. 라고 한씨는 클래스에 이야기 했다

"When I say 'ha' 내가 '하'라고 말하면 lift your shoulders, 어깨를 올리고 and 'ho' '호'라고 말하면 drop them," 어깨를 떨어뜨리세요 he said, 그가 말했다 as he repeated "Ha-ha-ho-ho." 그가 "하—하—호—호"를 되풀이 했을 때

Translated into Korean

이틀간 훈련은 웃음의 혜택과 웃음 클래스를 이끌어 가는 기본 방법 강의로 이루어진다. 훈련 마지막에 참석자들은 웃음 지도자로 자격이 주어진다.

한씨는 그가 정한 워밍업으로 그 날을 시작했다. 그것을 그는 "엔돌핀 증대" 시간이라고 불렀고 여기에는 부드럽게 연속적으로 손뼉치고 웃으면서 같이 노래 부르는 몸 동작이 들어 있다.

"여러분들이 숨을 들이마시는 동안에 어깨를 귀에까지 올리세요. 그리고 숨을 내쉴 때는 어깨를 떨어뜨리세요." 라고 한씨는 클래스에 이야기 했다.

"내가 '하'라고 말하면 어깨를 올리고 '호'라고 말하면 어깨를 떨어뜨리세요." 그는 "하-하-호-호"를 되풀이 했다.

"Giggle Giggle"
"하-하-호-호"

Article ⌄

The two-day training consists of sessions on the benefits of laughter and basic methods for how to lead a laughter class. At the end of the training the participants are certified as laughter leaders.

Han started the day with his standard warm-ups that he called the "endorphin stretching" session which includes gentle body movements with repetitive clapping and chanting together with laughing.

"Lift your shoulders up to your ears while you breathe in, then drop them while you breathe out," Han told the class.

"When I say 'ha' lift your shoulders, and 'ho' drop them," he said, as he repeated "Ha-ha-ho-ho."

★ 단어와 숙어

benefit 자선 공연, 이익, 이득
endorphin 엔도르핀, 모르핀 같은 뇌 속 진통 물질
stretching 스트레칭, 근육, 관절 등을 힘있게 펴주는 운동
repetitive 자꾸 반복되는, 되풀이 되는
clapping 박수

chanting 노래하는
lift ~ up 들어 올리다
shoulder 어깨
breathe ~ in 숨을 들이쉬다
breathe ~ out 숨을 내쉬다
breathing exercises 숨쉬기 운동

Explanation ⌄

The two-day training consists of sessions on the benefits of laughter and basic methods for how to lead a laughter class. At the end of the training the participants are certified as laughter leaders

✲ **consist of** ~로 이루어지다 **sessions**(강의) **on the benefits of** ~의 유익한 점에 관한 **basic methods for how to lead a laughter class** 웃음 클래스를 어떻게 이끌어 가는가를 위한 기본 방법

Han started the day with his standard warm-ups that he called the "endorphin stretching" session which includes gentle body movements with repetitive clapping and chanting together with laughing.

✲ **start the day with his standard warm-ups** 그의 기준 준비운동으로 하루를 시작하다 **gentle body movements** 부드러운 몸 동작
✲ **with repetitive clapping and chanting together with laughing** 연속적으로 손뼉을 치고 웃으면서 같이 연창 하는

"Lift your shoulders up to your ears while you breathe in, then drop them while you breathe out," Han told the class.

✲ **lift your shoulders up to your ears** 어깨를 당신의 귀까지 올리다

"When I say 'ha' lift your shoulders, and 'ho' drop them," he said, as he repeated "Ha-ha-ho-ho."

PART 1

Bilingual Reading ⌄

These simple breathing exercises 이렇게 간단하게 숨쉬는 운동은 help ease tension 긴장을 완화시키고 and encourage the participants to open up their mind. 참석자로 하여금 그들의 마음을 활짝 열어 제치게끔 용기를 준다 As the class seemed pretty relaxed, 이 교실이 상당히 긴장이 풀리는 것같이 보였을 때 next came the laughter exercise. 다음 웃음 운동을 했다

"This time 이번에는 put both your hands on your belly, 두 손을 여러분의 배에 얹고 and follow this 'ha-ha-ho-ho' move, 이렇게 '하―하―호―호' 운동을 따라 하세요 and while you do this, 그리고 이렇게 하는 동안에 make sure to laugh as loud as you can," 가능한 큰소리로 Han shouted to the class, 한은 교실에 큰소리로 소리지르고 then suddenly let out a thunderous guffaw. 그리고 갑자기 천둥 같은 웃음을 크게 웃었다

According to him, 그에 의하면 there are three types of laughter 웃음에는 세가지 종류가 있다 : a smile, a laugh and belly-driven laughter. 즉, 미소, 웃음, 배를 잡고 웃는 큰 웃음이다 And the belly laughter 배에서 웃는 웃음은 is the easiest, 가장 쉽고 and still the best way to exercise your body. 당신의 몸을 꾸준히 운동할 수 있는 가장 좋은 방법이다

Translated into Korean

이렇게 간단하게 숨쉬는 운동은 긴장을 완화시키고 참석자로 하여금 그들의 마음을 활짝 열어 제치게끔 용기를 주게끔 만든다. 이 교실이 적당히 긴장이 풀리는 것같이 보였을 때 다음 웃음 운동을 했다.

"이번에는 두 손을 여러분의 배에 얹고 이렇게 '하—하—호—호' 운동을 따라 하세요. 그리고 이렇게 하는 동안에 가능한 큰 소리로 웃으세요." 한은 교실에 큰 소리로 소리치고 그리고 갑자기 천둥 같은 웃음을 크게 웃었다.

그에 의하면 웃음에는 세가지 종류가 있다. 즉, 미소, 웃음, 배를 잡고 웃는 큰 웃음이다. 배에서 웃는 웃음은 가장 쉽고 당신의 몸을 꾸준히 운동할 수 있는 가장 좋은 방법이다.

Breaking into laughter in despair because she let banana drop
바나나를 떨어뜨리고 어처구니 없어 웃는 모습

Article ⌄

These simple breathing exercises help ease tension and encourage the participants to open up their mind. As the class seemed pretty relaxed, next came the laughter exercise.

"This time put both your hands on your belly, and follow this 'ha-ha-ho-ho' move, and while you do this, make sure to laugh as loud as you can," Han shouted to the class, then suddenly let out a thunderous guffaw.

According to him, there are three types of laughter: a smile, a laugh and belly-driven laughter. And the belly laughter is the easiest, and still the best way to exercise your body.

★ 단어와 숙어

easy 완화하다, 덜어주다, 편해지다
encourage 격려하나, 상려하나
pretty 꽤, 상당히
relax 늦추다, 풀다, 편안해지다

belly 배, 부풀다
thunderous 우레 같은, 굉음의
guffaw 큰 웃음, 크게 깔깔 웃다

Explanation ⌄

These simple breathing exercises help ease tension and encourage the participants to open up their mind. As the class seemed pretty relaxed, next came the laughter exercise.

- ✹ **these breathing exercises~** 이와 같은 숨쉬는 운동
- ✹ **help ease tension~** 긴장을 완화 시키는 것을 돕다
- ✹ **encourage + 목적어 + to do** 누구를 격려하여 ~을 하게 하다
- ✹ **as the class seemed pretty relaxed~** 클래스가 긴장이 풀린 것으로 보일 때

"This time put both your hands on your belly, and follow this 'ha-ha-ho-ho' move, and while you do this, make sure to laugh as loud as you can," Han shouted to the class, then suddenly let out a thunderous guffaw.

- ✹ **let out a thunderous guffaw~** 천둥 같은 웃음을 갑자기 웃다

According to him, there are three types of laughter: a smile, a laugh and belly-driven laughter. And the belly laughter is the easiest, and still the best way to exercise your body.

- ✹ **there are three types of laughter ~** 세가지 종류의 웃음이 있다
- ✹ **the belly laughter is the easiest, ~** 배로 웃는 웃음은 가장 쉽다,
- ✹ **and still the best way to exercise your body.** 더욱이 당신 몸을 운동 시킬 수 있는 가장 좋은 방법이다.

Bilingual Reading

"Laughter therapy 웃음 치료는 is basically all about learning how to laugh with your body," 기본적으로 몸으로 웃는 방법을 배우는 일에 관한 것이다 he said. 라고 그는 말했다

This belly-driven laughter 이렇게 배에서 우러나오는 웃음은 helps boost your happy hormones, 행복 호르몬을 증강 시키는데 도움을 주고 strengthen the immune system 면역 체계를 강화시키고 and also improve social skills, 역시 사회적인 활동을 증대시킨다 Han explained. 라고 한은 설명했다

"I didn't expect much from it, 나는 이 웃음 치료법에서 많은 것을 기대하지는 않았다 but it's really more fun than I thought," 그러나 이것은 정말 생각했던 것보다 더 재미가 있다 Her Je-jeong, a 50-year-old office worker, said. 허재정 50세된 사무실 근무자가 말했다 "I'm now seriously thinking of it 나는 지금 이 웃음을 신중히 생각하고 있다 as my next career after retirement," 내가 은퇴한 후에 나의 두 번째 직업으로 she added. 라고 그녀는 덧붙였다

Kim Joon-youg, 28, 김준영(28)은 said he had recently 그는 최근래 quit his job 직업을 그만 두었다 as a computer programmer to be a laughter therapist. 웃음의 치료사가 되기 위하여 컴퓨터 프로그래머를 "From my previous work, 이전 직업에서 I spent most of day with my computer. 나는 컴퓨터를 가지고 하루 대부분의 시간을 보냈다 There was really no one to laugh together with," 그래서 같이 웃을 수 있는 사람은 실제로 한 사람도 없었다 he said. 그는 말했다

Translated into Korean

"웃음 치료는 기본적으로 몸으로 웃는 방법을 배우는 일에 관한 것이다." 라고 그는 말했다.

이렇게 배에서 우러나오는 웃음은 행복 호르몬을 증강 시키고, 면역 체계를 강화시키고 역시 사회적인 활동을 증대시키는데 도움을 준다 라고 한은 설명했다.

"나는 이 웃음 치료법에서 많은 것을 기대하지는 않았다. 그러나 이것은 정말 생각했던 것보다 더 재미가 있다." 허재정 50세된 사무실 근무자가 말했다. "나는 지금 이 웃음을 내가 은퇴한 후에 나의 두 번째 직업으로 신중히 생각하고 있다" 라고 그녀는 덧붙였다.

김준영(28)은 그는 최 근래 웃음의 치료사가 되기 위하여 컴퓨터 프로그래머인 직업을 그만 두었다 라고 말했다.

"이전 직업에서 나는 컴퓨터를 가지고 하루의 대부분의 시간을 보냈다. 그래서 같이 웃을 수 있는 사람은 실제로 한 사람도 없었다." 그는 말했다.

Article ⌄

"Laughter therapy is basically all about learning how to laugh with your body," he said.

This belly-driven laughter helps boost your happy hormones, strengthen the immune system and also improve social skills, Han explained.

"I didn't expect much from it, but it's really more fun than I thought," Her Je-jeong, a 50-year-old office worker, said. "I'm now seriously thinking of it as my next career after retirement," she added.

Kim Joon-youg, 28, said he had recently quit his job as a computer programmer to be a laughter therapist.

"From my previous work, I spent most of day with my computer. There was really no one to laugh together with," he said.

★ 단어와 숙어

belly 배, 부풀다
therapy 치료, 요법, 처방, 상담
boost 후원, 밀어 올리기, 증가시키다
immune system 면역 조직, 면역 체계
skill 기술, 기능
really 정말, 아주, 실제로

seriously 진지하게, 중대하게
computer programmer 컴퓨터 프로그램 작성자
therapist 치료사, 전문가, 임상의
previous 이전, 먼저의
aspiring 상승하는, 큰 뜻을 품은

Explanation

"Laughter therapy is basically all about learning how to laugh with your body," he said.
This belly-driven laughter helps boost your happy hormones, strengthen the immune system and also improve social skills, Han explained.

- **This belly-driven laughter helps boost your happy hormones** 이와 같은 배에서 울려오는 웃음은 당신의 행복 호르몬을 증가시켜 주는 역할을 한다.
- **strengthen the immune system and also improve social skill,** 면역 시스템을 강화시키고 그리고 역시 사회생활 기술을 증가시킨다.

"I didn't expect much from it, but it's really more fun than I thought," Her Je-jeong, a 50-year-old office worker, said. "I'm now seriously thinking of it as my next career after retirement," she added.
Kim Joon-youg, 28, said he had recently quit his job as a computer programmer to be a laughter therapist.

- **he had recently quit his job as a computer programmer to be a laughter therapist.** 웃음치료사가 되기 위해 컴퓨터 프로그래머였던 자기 직업을 그만 두었다.

"From my previous work, I spent most of day with my computer. There was really no one to laugh together with," he said.

- 같이 웃을 수 있는 사람도 정말 없었다 (**laugh with~** 누구와 같이 웃다) 라고 그는 말했다.

Bilingual Reading

"But when I first came here 그러나 내가 이곳에 처음 왔을 때 I had the best laugh I have ever had, 내가 지금까지 웃었던 웃음 중 가장 좋은 웃음을 웃었다 since then 그 이래로 I've been taking this laughter workshop 나는 이러한 웃음 워크샵을 이끌어 가고 있다 as my new career," 나의 새로운 직업으로써 he added. 라고 그는 덧붙였다

While weekend sessions 주말 모임은 are for aspiring laughter therapists, 야심 찬 웃음 치료사를 위한 모임이고 patients suffering from depression and cancer 우울증과 암을 앓고 있는 환자들은 attend sessions every Tuesday. 매주 화요일 날 이 모임에 참석한다

Han said 한은 말했다 his goal 자기의 목표가 is to encourage more people to learn the benefit of laughter therapy. 더 많은 사람들이 웃음 치료의 혜택을 얻도록 용기를 주는 일이라고

"We don't laugh because we're happy 우리는 행복하기 때문에 웃지 않는다 — we're happy because we laugh," 우리는 웃기 때문에 행복하다 he added, 라고 그는 언급했다 citing from American philosopher William James. 미국의 철학자 윌리암 제임스 씨의 말을 인용하면서

He said 그는 말했다 that anyone could actually be trained to laugh at will, 사람은 실제적으로 의지만 있으면 웃는 훈련을 받을 수 있고 and once learned, 한번 배우면 anyone could laugh anytime and anywhere. 모든 사람은 어디서나 언제나 웃을 수 있다고

"Laughing 웃는다는 것은 is a simple habit 단순한 습관이다 that brings joy into your life. 당신의 인생 깊숙한 곳으로 즐거움을 가져다 주는 It needs to be a habit for everyone," 그리고 웃음은 모든 사람을 위해 습관이 될 필요가 있다 he added. 고 그는 덧붙였다

Translated into Korean

"그러나 내가 이곳에 처음 왔을 때 내가 지금까지 웃었던 웃음 중 가장 좋은 웃음을 웃었다. 그 이래로 나는 나의 새로운 직업으로써 이러한 웃음 워크샵을 이끌어 가고 있다." 라고 그는 덧붙였다.

주말 모임은 야심 찬 웃음 치료사를 위한 모임이고 우울증과 암을 앓고 있는 환자들은 매주 화요일 날 이 모임에 참석한다.

한은 자기의 목표가 더 많은 사람들이 웃음 치료의 혜택을 얻도록 용기를 주는 일이라고 말했다.

"우리는 행복하기 때문에 웃지 않는다—우리는 웃기 때문에 행복하다. 라고 그는 미국의 철학자 윌리암 제임스 씨의 말을 인용하면서 언급했다.

그는 모든 사람은 실제적으로 의지만 있으면 웃는 훈련을 받을 수 있고 한번 배우면 모든 사람은 어디서나 언제나 웃을 수 있다고 말했다.

"웃는다는 것은 당신의 인생 깊숙한 곳으로 즐거움을 가져다 주는 단순한 습관이다. 그리고 웃음은 모든 사람을 위해 습관이 될 필요가 있다"고 덧붙였다.

PART 1

"But when I first came here I had the best laugh I have ever had, since then I've been taking this laughter workshop as my new career," he added.

While weekend sessions are for aspiring laughter therapists, patients suffering from depression and cancer attend sessions every Tuesday.

Han said his goal is to encourage more people to learn the benefit of laughter therapy.

"We don't laugh because we're happy — we're happy because we laugh," he added, citing from American philosopher William James.

He said that anyone could actually be trained to laugh at will, and once learned, anyone could laugh anytime and anywhere.

"Laughing is a simple habit that brings joy into your life. It needs to be a habit for everyone," he added.

depression 우울증
encourage 장려하다, 권하다, 촉진하다
benefit 혜택, 도움
cite 언급하다, 말하다, 예로 들다

philosopher 철학자
trained 전문 교육을 받은, 숙련된
anytime 언제든지, 언제나
anywhere 어디든지, 어느 곳이든

Explanation

"But when I first came here I had the best laugh I have ever had, since then I've been taking this laughter workshop as my new career," he added.

❋ 내가 이곳에 처음 왔을 때 나는 지금까지 웃었던 중 가장 좋은 웃음을 웃었다.

While weekend sessions are for aspiring laughter therapists, patients suffering from depression and cancer attend sessions every Tuesday.

❋ 주말 모임은 포부를 품고 있는 웃음 치료사를 위한 것이고 우울증을 앓고 있는 환자 그리고 암환자 들은 매주 화요일에 참석한다.

Han said his goal is to encourage more people to learn the benefit of laughter therapy.

❋ 그의 목표는 웃음치료의 장점을 더 많은 사람들이 배우도록 장려하는 일이다.

"We don't laugh because we're happy — we're happy because we laugh," he added, citing from American philosopher William James.

❋ 미국 철학자 윌리엄 제임스 이야기를 인용하면서

He said that anyone could actually be trained to laugh at will, and once learned, anyone could laugh anytime and anywhere.

❋ 그는 모든 사람들은 실제적으로 자기 의사로 웃는 법을 훈련 받을 수 있다 고 말했다

"Laughing is a simple habit that brings joy into your life. It needs to be a habit for everyone," he added.

❋ "웃음은 즐거움을 당신 인생으로 가져다 주는 단순한 습관이다"

Explanation

Bilingual Reading

It is also the reason 이것이 이유이기도 하다 that subway laughter lecturer Lee Myung-hwan 웃음 강사 이명환씨가 continues his class 그의 클래스를 계속하고 and is determined not to quit 그만두지 않겠다고 결심하는 despite his hard job 어려운 직장에도 불구하고 which often requires him to work all night. 그를 밤새도록 일을 하도록 요구하는

Most of the participants of his class 그의 클래스 참석자 대부분은 are elderly women 노년층 여성들이고 who live alone and suffer from depression, 홀로 살며 우울증을 앓고 있다 according to Lee. 이씨는 이야기 한다

Also, a lot of cancer patients 역시 많은 암환자들도 come here 이곳에 온다 as they know laughter has a good effect on them, 웃음은 그들에게 옳은 영향을 끼치는 것을 알고 있기 때문에 increasing endorphins 엔돌핀을 증강시키고 and strengthening their immune system, 그들의 면역 체계를 강화시켜주면서 he said. 그는 이야기 했다

"It is amazing and truly moving 정말 대단하고 감동스러운 일이다 to see people 사람들은 본다는 것은 who suffer from cancer or depression 암을 앓고 우울증을 앓는 그들이 having a joyful laugh. 즐거운 웃음을 웃는 것을 I always feel better 나는 언제나 기분이 더 좋다 after seeing them," 그들을 본 후에 Lee said. 이씨는 말한다

"And because of that 그렇게 때문에 I want to carry on this laughter therapy as long as I can." 내가 할 수 있는 오랫동안 이 웃음 치료를 계속 이끌어 가기를 원한다

Translated into Korean

이것이 지하철 웃음 강사 이명환씨가 그의 클래스를 계속하고 그리고 그를 밤새도록 일을 하도록 요구하는 어려운 직장에도 불구하고 그만두지 않겠다고 결심하는 이유이기도 하다

그의 클래스 참석자 대부분은 노년층 여성들이고 홀로 살며 우울증을 앓고 있다고 이씨는 이야기 한다.

역시 많은 암환자들도 웃음은 그들에게 옳은 영향을 끼치고 엔돌핀을 증강시키고 그들의 면역 체계를 강화시켜준다는 것을 알고 있기 때문에 이곳에 온다고 그는 이야기 했다.

"암을 앓고 우울증을 앓는 사람들이 즐거운 웃음을 웃는 것을 본다는 것은 정말 대단하고 감동스러운 일이다. 나는 그들을 본 후에 언제나 기분이 더 좋다고 이씨는 말한다.

"그렇게 때문에 내가 할 수 있는 오랫동안 이 웃음 치료를 계속 이끌어 가기를 원한다."

Article ⌄

It is also the reason for subway laughter lecturer Lee Myung-hwan continues his class and is determined not to quit despite his hard job which often requires him to work all night.

Most of the participants of his class are elderly women who live alone and suffer from depression, according to Lee.

Also, a lot of cancer patients come here as they know laughter has a good effect on them, increasing endorphins and strengthening their immune system, he said.

"It is amazing and truly moving to see people who suffer from cancer or depression having a joyful laugh. I always feel better after seeing them," Lee said.

"And because of that I want to carry on this laughter therapy as long as I can."

★ 단어와 숙어

reason 이유, 원인
determine 결심하다, 결정하다
despite 불구하고

endorphin 행복 물질, 진통물질
amazing 놀라운, 흥미로운
joyful 기쁨에 찬, 즐거운

Explanation ✓

It is also the reason that subway laughter lecturer Lee Myung Whan continues his class and is determined not to quit despite his hard job which often requires him to work all night.

❄ **부정사(to+원형동사)** 의 부정문 **(not)** 은 **'to'** 부정사 앞에 놓인다.

❄ **determined not to quit despite his hard job~** 그의 힘든 일에도 불구하고 그만 두지 않기로 결심했다.

Most of the participants of his class are elderly women who live alone and suffer from depression, according to Lee.

❄ **who live alone~** 혼자 사는 **suffer from depression~** 우울증을 앓는

Also, a lot of cancer patients come here has as they know laughter has a good effect on them, increasing endorphins and strengthening their immune system, he said.

❄ 한 개의 문장에 동사가 두 개 이상이 올 때 두 번째 문장의 동사는 현재분사로 사용할 수 있다.

"It is amazing and truly moving to see people who suffer from cancer or depression having a joyful laugh. I always feel better after seeing them," Lee said.

❄ 위 문장은 **it~ to** 용법의 문장.

❄ **see 동사 + 목적어 + 동사의 분사형** ~이 ~하는 것을 보다

❄ 암이나 우울증을 앓는 사람들이 즐거운 웃음을 웃는 것을 본다는 것은 놀랄 만 하고 정말 감동스러운 일이다.

"And because of that I want to carry on this laughter therapy as long as I can."

❄ 내가 할 수 있는 한 오래 동안

Participants learn to cook at the male-only Daddy's Cooking Class at the Long Learn Academy in Gaepo-dong, Seoul, on Monday. Ahn Hoon/The Korea Herald

참석자들은 서울 개포동에 있는 남성위주 롱런 아카데미의 아빠요리교실에서 요리하는 법을 배우고 있다.

More men don the apron

더 많은 남자들이 앞치마를 두른다

Middle-aged and elderly men learn to cook as hobby or second career

Published : 2013-04-26 20:58

By **Jean Oh** (oh_jean@heraldcorp.com)

Bilingual Reading ⌄

When Han Jin-se enrolled in Le Cordon Bleu-Sookmyung last year, 한진서가 작년에 콜든 블레-숙명에 등록했을 때 he had no cooking experience. 그는 요리 경험이 없었다 Now, Han has mastered three levels 지금 한은 3단계를 마쳤고 and is completing the academy's final program this June. 올해 6월에 이 학원의 최종 프로그램을 마칠 예정이다

An expert in the kitchen now, 지금은 요리 전문가로서 Han tosses out culinary lingo with ease, 한 씨는 요리 전문용어를 쉽게 구사한다 explaining 그리고 설명한다 how learning to cook not only helped prepare him to open his own restaurant, 요리법을 배운다는 것은 그를 자기자신의 식당을 오픈하는 준비를 도왔을 뿐 아니라 but also fostered family time with his son. 역시 그는 자기 아들과 가족시간을 만들어 주었다고

Translated into Korean

한진서가 작년에 콜든 블레–숙명에 등록했을 때 그는 요리 경험이 없었다. 지금 한은 3단계를 마쳤고 올해 6월에 이 학원의 최종 프로그램을 마칠 예정이다.

지금은 요리 전문가로서 한 씨는 요리 전문용어를 쉽게 구사하고 그리고 요리법을 배운다는 것은 그를 자기자신의 식당을 오픈하는 준비를 도왔을 뿐 아니라 역시 그는 자기 아들과 가족시간을 만들어 주었다고 설명한다.

One of male students is learning to cook at the culinary academy.
요리학원에서 남자 학생 한 사람이 요리를 배우고 있다.

Article ⌄

When Han Jin-se enrolled in Le Cordon Bleu-Sookmyung last year, he had no cooking experience. Now, Han has mastered three levels and is completing the academy's final program this June.

An expert in the kitchen now, Han tosses out culinary lingo with ease, explaining how learning to cook not only helped prepare him to open his own restaurant, but also fostered family time with his son.

★ 단어와 숙어

don (옷을) 입다. (모자를) 쓰다. (구두를) 신다
middle-aged 중년의
elderly 나이든. 중 장년층. 어른
as hobby 취미로
second career 두 번째 직장. 제 2의 경력. 다른 직업
enroll 등록하다. 기록하다. 입학하다
experience 경험. 겪다. 체험
master 숙달하다. 마스터. 대가
complete 끝내다. 완료하다

academy 아카데미. 학교. 학원. 학술원
expert 전문가. 숙련된. 달인
kitchen 부엌. 주방
toss 던지다
culinary 요리용의. 요리의. 부엌의
lingo 전문 용어. 귀에 익지 않은 말. 술어. 개인 특유의 말버릇
explain 설명하다. 확실히 하다
prepare 준비하다. 마련하다
foster 육성하다. 만들다

Explanation

When Han Jin-se enrolled in Le Cordon Bleu-Sookmyung last year, he had no cooking experience. Now, Han has mastered three levels and is completing the academy's final program this June.

❄ Han(한)은 3 단계 과정을 이미 마쳤고 금년 6월에 그 아카데미의 마지막 프로그램을 마칠 예정이다.

❄ 'is completing' 은 현재진행이 아니고 곧 일어날 미래의 예정을 말하고 있다.

An expert in the kitchen now, Han tosses out culinary lingo with ease, explaining how learning to cook not only helped prepare him to open his restaurant, but also fostered family time with his son.

❄ **toss out** ~을 공중으로 던지다, 불필요 한 것을 버리다

❄ **culinary lingo** 요리 전문 용어

❄ **not only~ but also~** 뿐만 아니라 ~ 이기도 하다

❄ **'learning'** 은 동명사 이고 명사 역할을 한다. 여기에서는 주어 역할을 한다.

❄ Han(한) 은 쉽게 요리 용어를 던지면서 (사용하다) 요리 공부가 그가 식당을 개업 준비를 어떻게 도와 주었고 또 자기 아들과 같이 가족이 같이 보내는 시간을 만들어 주었는가에 대해 설명했다.

Bilingual Reading ⌄

"I bring home the food that I cook in class 나는 교실에서 내가 조리한 음식을 집에 가져오고 and my son brings a bottle of wine," 나의 아들은 포도주 한 병을 가져온다 said Han, 61, an insurance broking firm chairman and soon-to-be restaurateur. 라고 금년 61세 보험 중계업 회사의 회장이자 곧 식당 주인이 될 한씨가 말했다

Not only does Han's newfound second career-hobby 한의 새로 찾은 두 번째 직업이자 취미는 give him more quality time with his son, 그에게 아들과 더 값진 시간을 줄 뿐만 아니라 he finds it personally rewarding as well. 마찬가지로 그는 이것을 개인적인 보상이라고 생각한다

"I get this rush 이런 식으로 바빠진다 once I feel I have essentially mastered a dish," 나는 내가 실제적으로 하나의 요리를 끝냈다고 생각하면 Han said. 한은 말했다

Though Han said he was the only one 한은 자기가 유일한 사람이다 라고 말은 하지만 among his friends who can cook, 친구들 가운데 요리할 수 있는 in the big picture, 큰 맥락에서 볼 때 he is far from alone. 그는 전혀 고독하지 않다

Translated into Korean

"나는 교실에서 내가 조리한 음식을 집에 가져오고 나의 아들은 포도주 한 병을 가져온다." 라고 금년 61세 보험 중계업 회사의 회장이자 곧 식당 주인이 될 한씨가 말했다.

한의 새로 찾은 두 번째 직업이자 취미는 그에게 아들과 더 값진 시간을 줄 뿐만 아니라 마찬가지로 그는 이것을 개인적인 보상이라고 생각한다.

"나는 내가 실제적으로 하나의 요리를 끝냈다고 생각하면 이런 식으로 바빠진다." 한은 말했다.

한은 자기가 친구들 가운데 요리할 수 있는 유일한 사람이다 라고 말은 하지만 큰 맥락에서 볼 때 그는 그는 전혀 고독하지 않다.

Article ⌄

"I bring home the food that I cook in class and my son brings a bottle of wine," said Han, 61, an insurance broking firm chairman and soon-to-be restaurateur.

Not only does Han's newfound second career-hobby give him more quality time with his son, he finds it personally rewarding as well.

"I get this rush once I feel I have essentially mastered a dish," Han said.

Though Han said he was the only one among his friends who can cook, in the big picture, he is far from alone.

★ 단어와 숙어

bring 가져오다, 데려오다, 생기다, 일으키다
a bottle of wine 와인 한 병
insurance broking firm 보험 회사
chairman 회장, 의장
soon-to-be restaurateur 곧 음식점 경영주가 되는
newfound 새롭게 발견한
career-hobby 취미 직업활동
quality time 귀중한 시간

personally 개인적으로, 몸소, 사적으로
rewarding 가치가 있는, 보람이 있는
as well 게다가, 더욱이, 마찬가지로
rush 서두르다, 돌진하다, 재촉하다, 급한
essentially 기본적으로, 필히
dish 음식, 요리, 접시
among 사이에서 가운데, 상호간에
in the big picture 전체적으로, 넓은 시각에서
alone 단독, 홀로

Explanation ⌄

"I bring home the food that I cook in class and my son brings a bottle of wine," said Han, 61, an insurance broking firm chairman and soon-to-be restaurateur.

❄ 나는 클래스에서 만든 음식을 집에 가져오고 나의 아들은 와인병을 가져온다.

Not only does Han's newfound second career-hobby give him more quality time with his son, he finds it personally rewarding as well.

❄ 구문 'not only ~ but also' 에서 'not only' 가 문장 앞에 올 때 'but also' 를 생략 하는 경우가 있다

❄ ~ as well 또한, 마찬가지로

❄ 이 문장에서 'it'은 요리를 배우면 유익한 점이 있다는 의미

❄ 마찬가지로 그는 이것이 개인적으로 얻는 보상이라고 생각한다.

"I get this rush once I feel I have essentially mastered a dish," Han said.

❄ get this rush ~ 이렇게 바빠지다

❄ Once ~ 하게 되면

❄ 내가 틀림없이 하나의 요리를 배웠다고 느껴지면 나는 이렇게 행동을 한다.

Though Han said he was the only one among his friends who can cook, in the big picture, he is far from alone.

❄ only one ~ 유일한 한 사람

❄ '한'은 요리를 할 수 있는 친구들 가운데 한 사람이라고 말 하지만 그는 외롭지 않다.

Bilingual Reading ⌄

For instance, 예를 들자면 Lee Byung-wan, 61, 이병완(61) 씨는 started to learn how to cook for volunteer work purposes. 자원봉사 목적으로 요리를 배우기 시작했다 Lee continued to learn how to make cake and bread 이는 케익 만드는 법과 빵 만드는 법을 계속 배웠고 and then 그 다음에는 enrolled into the Gangnam district-run Daddy's Cooking Class at the Long Learn Academy 강남 구청이 운영하는 롱런아카데미 아빠요리교실에 등록했다. to further his culinary expertise. 자신의 요리 기술을 더욱 강화시키기 위해서

Lee 이는 is one of over 15 fellow classmates 15명이 넘는 학생들 중의 한 사람이다 who have signed up for the men-only cooking program 남성 전용 요리 프로그램에 등록한 held in Gaepo-dong every Monday evening. 매주 월요일 저녁에 개포동에서 열리는

Daddy's Cooking Class launched in 2009, 아빠요리교실은 2009년에 시작했다 according to Gangnam-gu Lifelong Learning team manager Moon E-seul, 라고 강남구 평생교육 팀장 문이슬 씨가 말했다 and currently holds two separate classes, 최근에 아빠요리교실은 두 개의 별개 교실을 운영한다 one on Mondays and one on Wednesdays. 월요일에 하나 수요일에 하나 Both are exclusively for men. 두 교실 모두 남성 전용이다

Translated into Korean

예를 들자면 이병완(61) 씨는 자원봉사 목적으로 요리를 배우기 시작했다. 이는 케익 만드는 법, 빵 만드는 법을 계속 배웠고 그 다음에는 강남 구청이 운영하는 롱런아카데미 아빠요리교실에 등록하고 자신의 요리 기술을 더욱 강화시키고 있다.

이는 남성 전용 요리 프로그램에 등록한 매주 월요일 저녁에 개포동에서 열리는 남성 전용 쿠킹프로그램에서 15명이 넘는 학생들 중의 한 사람이다.

아빠요리교실은 2009년에 시작했다 라고 강남구 평생교육 팀장 문이슬 씨가 말했다. 최근에는 아빠요리교실은 두 개의 별개 교실을 운영한다 월요일에 하나 수요일에 하나. 두 교실 모두 남성 전용이다.

Article ⌄

For instance, Lee Byung-wan, 61, started to learn how to cook for volunteer work purposes. Lee continued to learn how to make cake and bread and then enrolled into the Gangnam district-run Daddy's Cooking Class at the Long Learn Academy to further his culinary expertise.

Lee is one of over 15 fellow classmates who have signed up for the men-only cooking program held in Gaepo-dong every Monday evening.

Daddy's Cooking Class launched in 2009, according to Gangnam-gu Lifelong Learning team manager Moon E-seul, and currently holds two separate classes, one on Mondays and one on Wednesdays. Both are exclusively for men.

★ 단어와 숙어

for instance 예를 들면, 실례
volunteer 자원 봉사, 자원하다, 자발적인, 참가자
purpose 목적, 의도, 용도
continue 계속하다, 연기하다, 이어지다
district 지역, 행정구, 구, 선거구
further 더, 더 나아가, 그 이상의
expertise 전문적 기술, 전문지식
fellow 동료, 사람
classmate 급우

sign up 등록하다, 가입, 신청하다
held hold의 과거, 실시된, 열었던
launch 시작하다, 개시하다
lifelong 평생의, 일생 동안의, 긴 세월의
lifelong learning 평생학습
currently 현재의, 한창, 최근의
separate 개별적인, 분리하다
exclusively 독점적으로, ~만을 위한, 전용의, 전적으로

Explanation ⌄

For instance, Lee Byung-wan, 61, started to learn how to cook for volunteer work purposes. Lee continued to learn how to make cake and bread and then enrolled into the Gangnam district-run Daddy's Cooking Class at the Long Learn Academy to further his culinary expertise.

❄ 예를 들어, 이병완(61) 씨는 자원봉사 활동 목적을 위해 요리법을 배우기 시작했다.

Lee is one of over 15 fellow classmates who have signed up for the men-only cooking program held in Gaepo-dong every Monday evening.

❄ **one of over 15 fellow classmates~** 15명이 넘는 클래스 학생들 중 한 사람.
❄ **who have signed up for men-only cooking program~** 남자들만을 위한 쿠킹 프로그램에 등록한

Daddy's Cooking Class launched in 2009, according to Gangnam-gu Lifelong Learning team manager Moon E-seul, and currently holds two separate classes, one on Mondays and one on Wednesdays. Both are exclusively for men.

❄ **hold two separate classes ~** 2개의 별개 클래스를 운영하다
❄ **one on Monday and one on Wednesday ~** 월요일 하나, 수요일 하나,
❄ **both are exclusively for men~** 2 클래스 모두 남자들만을 위한 클래스 이다.

PART 2

Bilingual Reading

"It is very popular," 이것은 상당히 인기가 있다 said Moon, 27. 문 (27)은 말했다 "Our students are men in their late 40s to 60s 우리 학생들은 모두 40대 말에서 60대까지의 who are facing retirement 곧 은퇴를 앞두고 있거나 or who have retired." 은퇴한 사람들이라고

Daddy's Cooking Class 아빠요리교실은 is one of the programs throughout the nation 전국적으로 진행되는 프로그램 중의 하나고 that is geared specifically towards men, 특히 남성을 위주로 만들어 지는 signaling that the class is not an anomaly 이것은 이 교실이 이례적인 것이 아니고 but part of a growing trend. 점점 커져가는 추세의 일환이다 라는 것을 시사하고 있다

"I think 나는 생각한다 there are two major reasons 거기에는 두 가지의 주요한 이유가 있다고 why more older men are cooking these days," 왜 점점 더 많은 나이가 든 사람들이 요사이 요리하는가 food cable channel Olive team head 음식 유선방송 올리브 팀장 Seo Won-yea, 36, 서원예(36)는 said in a phone interview with The Korea Herald. 코리아헤럴드 전화인터뷰에서 말했다

Translated into Korean

문 (27)은 "이것은 상당히 인기가 있다" "우리 학생들은 모두 40대 말에서 60대까지의 곧 은퇴를 앞두고 있거나 은퇴한 사람들이라고 말했다.

아빠요리교실은 특히 남성을 위주로 만들어 지는 전국적으로 진행되는 프로그램 중의 하나고 이것은 이 교실이 이례적인 것이 아니고 점점 커져가는 추세의 일환이다 라는 것을 시사하고 있다.

"나는 왜 점점 더 많은 나이가 든 사람들이 요사이 요리하는가 거기에는 두 가지의 주요한 이유가 있다고 생각한다." 음식 유선방송 올리브 팀장 서원에(36)는 코리아헤럴드 전화인터뷰에서 말했다.

Article ⌄

"It is very popular," said Moon, 27. "Our students are men in their late 40s to 60s who are facing retirement or who have retired."

Daddy's Cooking Class is one of the programs throughout the nation that is geared specifically towards men, signaling that the class is not an anomaly but part of a growing trend.

"I think there are two major reasons why more older men are cooking these days," food cable channel Olive team head Seo Won-yea, 36, said in a phone interview with The Korea Herald.

★ 단어와 숙어

popular 인기 있는, 유명한
retirement 은퇴, 퇴직
gear 준비하다, 맞추다
anomaly 이례, 변칙, 예외

trend 추세, 경향
major 주요한, 큰
cable channel 유선 방송 채널
phone interview 전화 대화

Explanation

"It is very popular," said Moon, 27. "Our students are men late 40s to 60s who are facing retirement or who have retired."

◉ 학생들은 은퇴를 눈앞에 두고 있거나 이미 은퇴를 한 40대 말에서 60대까지의 남자들 이다.

Daddy's Cooking Class is one of the programs throughout the nation that is geared specifically towards men, signaling that the class is not an anomaly but part of a growing trend.

◉ **one of programs throughout the nation~** 전국적으로 진행되는 프로그램 중의 하나

◉ **is geared towards men~** 남자들에게 맞게 조정하다

◉ **anomaly~** 변칙, 예외　**growing trend~** 점점 커져가는 추세

◉ '대디 쿠킹 클래스'는 특히 남자들에게 맞는 전국적으로 시행되는 프로그램 중의 하나이 며 이는 이 쿠킹 클래스가 이례적인 것이 아니고 점점 커져가는 추세 라는 것을 의미한 다.

"I think there are two major reasons why more older men are cooking these days," food cable channel Olive team head Seo Won-yea, 36, said in a phone interview with The Korea Herald.

◉ 좀 더 나이든 남자들이 요리하는 데는 두 가지의 주요한 이유가 있다.

Bilingual Reading ⌄

"Firstly, 첫째로 men who like to eat out, 외식을 좋아하는 남자들 who are basically gourmands, 주로 미식가들은 take on cooking as a hobby 취미로 요리법을 택하고 있다 to be able to make food 음식을 만들 수 있는 that meets their own standards," 요리를 그들 자신 기준에 맞춘 Seo said. 라고 서씨는 이야기 했다

That theory 그와 같은 견해는 seems to apply, 적용되는 것 같이 보인다 in part, 부분적으로 to Le Cordon Bleu-Sookmyung student Han Jin-se. 콜든 블레–숙명 학생 한진서 씨에게도

"Insurance broking was no longer fun," 보험 중계업은 정말 더 이상 재미가 없었다 said Han, explaining 설명하면서 이야기 했다 how after 18 years of work, 18년간 일 한 후에 어떻게 해서 he decided to try something different. 그가 무엇인가 다른 일을 해보겠다고 결정내렸는가를

Translated into Korean

"첫째로 외식을 좋아하는 남자들 주로 미식가들은 요리를 그들 자신 기준에 맞춘 음식을 만들 수 있는 취미로 요리법을 택하고 있다." 라고 서씨는 이야기 했다.

그와 같은 견해는 부분적으로 콜든 블레−숙명 학생 한진서 씨에게도 적용되는 것 같이 보인다.

"보험 중계업은 정말 더 이상 재미가 없었다" 라며 18년간 일 한 후에 어떻게 해서 그가 무엇인가 다른 일을 해보겠다고 결정내렸는가를 설명하면서 이야기 했다.

Article

"Firstly, men who like to eat out, who are basically gourmands, take on cooking as a hobby to be able to make food that meets their own standards," Seo said.

That theory seems to apply, in part, to Le Cordon Bleu-Sookmyung student Han Jin-se.

"Insurance broking was no longer fun," said Han, explaining how after 18 years of work, he decided to try something different.

★ 단어와 숙어

eat out 외식
basically 원래, 근본적으로
gourmand 미식가

theory 견해, 이론
insurance broking 보험 업무

Explanation ⌄

"Firstly, men who like to eat out, who are basically gourmands, take on cooking as a hobby to be able to make food that meets their own standards," Seo said.

- **basically** 원래, 근본적으로 **gourmand** 미식가,
- **take on something ~** 을 떠 맡다
- **food that meets their own standard ~** 그들 자신의 기준에 맞는 음식
- 첫째로, 원래 미식가로서 외식하기를 좋아하는 남자들이 그들 자신의 기준에 맞는 음식을 만들기 위해 취미로서 요리하는 일을 떠 맡는다.

That theory seems to apply, in part, to Le Cordon Bleu-Sookmyung student Han Jin-se.

"Insurance broking was no longer fun," said Han, explaining how after 18 years of work, he decided to try something different

- **Insurance broking ~** 보험 중개업
- **he decided to try something different ~** 무엇인가 좀 다른 일을 해보기로 결정했다.

PART 2

Bilingual Reading ⌄

"Whenever I traveled abroad, 내가 해외를 여행할 때마다 I would visit an oyster bar," 굴 요리점을 방문하곤 했다 Han said. 한은 말했다 And when he realized there was a scarcity of oyster bars in Korea, 한국에는 굴 전문점이 부족하다는 사실을 알았을 때 he decided to open one himself. 그는 자신이 직접 굴 음식점을 열기로 결정했다

To realize his dreams, 그의 꿈을 이룩하기 위하여 Han enrolled at Le Cordon Bleu, 한은 르 콜든 블레에 등록하고 where he would amass the know-how 이곳에서 지식을 많이 얻었다 that would help 그에게 도움을 준 him open a restaurant born of his own passion for oysters. 그가 굴에 대한 정열로 태어나는 식당을 개점 할 수 있도록

In essence, 실제로 it was his own gourmet tastes 자신의 미식 취미였다 that led him down the path to finding a second career. 그를 제 2의 직업을 찾는 그런 길로 인도한 것은 However, for Han, 하지만 한에게는 cooking is more than just a hobby 요리한다는 것은 단순히 취미라는 의미 그 이상의 것이고 — it is partly 이것은 부분적으로 a profession, 하나의 직업이다 in that it will help him as a restaurateur. 그가 식당 주인이 되는데 도움을 줄 수 있다는 면에서

Translated into Korean

"내가 해외를 여행할 때마다 굴 요리점을 방문하곤 했다." 라고 한은 말했다. 한국에는 굴 전문점이 부족하다는 사실을 알았을 때 그는 자신이 직접 굴 음식점을 열기로 결정했다.

그의 꿈을 이룩하기 위하여 한은 르 콜든 블레에 등록하고 이곳에서 그가 굴에 대한 정열로 태어나는 식당을 개점 할 수 있다고 도움을 준 지식을 많이 얻었다.

실제로 그를 제 2의 직업을 찾는 그런 길로 인도한 것은 자신의 미식 취미였다. 하지만 한에게는 요리한다는 것은 단순히 취미라는 의미 그 이상의 것이고 이것은 부분적으로 그가 식당 주인이 되는데 도움을 줄 수 있다는 면에서 하나의 직업이다.

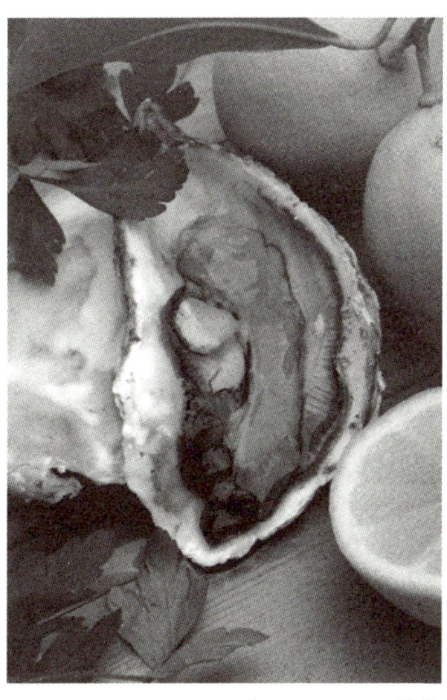

Rare oyster dish
생굴 요리

Article ⌄

"Whenever I traveled abroad, I would visit an oyster bar," Han said. And when he realized there was a scarcity of oyster bars in Korea, he decided to open one himself.

To realize his dreams, Han enrolled at Le Cordon Bleu, where he would amass the know-how that would help him open a restaurant born of his own passion for oysters.

In essence, it was his own gourmet tastes that led him down the path to finding a second career. However, for Han, cooking is more than just a hobby — it is partly a profession, in that it will help him as a restaurateur.

★ 단어와 숙어

whenever 할 때는 언제나
abroad 해외에, 외국에
oyster bar 바 스타일의 굴 요리점, 굴 전문 음식점
realize 알다, 인식하다, 깨닫다
scarcity 부족, 결핍, 식량난
amass 축적하다, ~을 모으다, 쌓아 올리다

bleu 조리한
know-how 방법, 기술
passion 열정, 감정, 흥미
in essence 본질적으로, 사실은
profession 직업

Explanation

"Whenever I traveled abroad, I would visit an oyster bar," Han said. And when he realized there was a scarcity of oyster bars in Korea, he decided to open one himself.

❄ 외국을 여행할 때마다 나는 굴 바를 방문하곤 했다.

❄ 'would' 는 과거의 습관을 말한다.

To realize his dreams, Han enrolled at Le Cordon Bleu, where he would amass the know-how that would help him open a restaurant born of his own passion for oysters.

❄ 위 문장에 나오는 'would' 는 말하는 사람 즉 (1인칭)의 의견 및 희망을 완곡하게 표현한 것이다.

❄ 한은 '콜든 블레' 에 등록을 했고 그곳에서 그는 굴에 대한 그의 정열로 태어날 식당을 여는데 도움이 될 수도 있는 지식을 얻고 싶어한다.

In essence, it was his own gourmet tastes that led him down the path to finding a second career. However, for Han, cooking is more than just a hobby — it is partly a profession, in that it will help him as a restaurateur.

❄ **in essence** ~ 본질적으로   **it was ~ that** (it~ that 구문)

❄ 본질적으로 그를 제 2의 직업을 찾는 길로 인도한 것은 그의 미식가 입맛이다.

PART 2

Bilingual Reading ☑

Le Cordon Bleu-Sookmyung PR manager Yang Jin-won said 르 꼴든 블레–숙명 홍보 과장 양진원씨는 말했다 that like Han, 한과 마찬가지로 most men in their 50s or older who enroll at the academy 이 학원에 등록하는 50대나 그 이상의 남자들 대부분은 are either interested in opening their own restaurant 그들 자신의 식당을 개업하는데 관심 있거나 or are working in the food industry. 또는 식품 계에서 현재 일하는 사람들이다

That used to be the case 그것은 같은 경우였다 for another prominent South Korea-based culinary academy, 또 다른 저명한 한국의 요리학원 tsuji+1. 쯔지+1처럼 According to marketing team manager Park Sun-jung, however, 하지만 마케팅 팀장 박순정 씨에 의하면 there has been an increase 꾸준히 지금까지 늘고 있다 in the number of middle-aged male students 중년층 남자 학생들의 수가 enrolling in classes as a hobby. 취미로 요리교실에 등록하는

Translated into Korean

르 콜든 블레—숙명 홍보 과장 양진원씨는 한과 마찬가지로 이 학원에 등록하는 50대나 그 이상의 남자들 대부분은 그들 자신의 식당을 개업하는데 관심 있거나 또는 식품 계에서 현재 일하는 사람들이다.

그것은 또 다른 저명한 한국의 요리학원의 쯔지+1의 경우도 있었다. 하지만 마케팅 팀장 박순정 씨에 의하면 취미로 요리교실에 등록하는 중년층 남자 학생들 수가 꾸준히 지금까지 늘고 있다.

Article ⌄

Le Cordon Bleu-Sookmyung PR manager Yang Jin-won said that like Han, most men in their 50s or older who enroll at the academy are either interested in opening their own restaurant or are working in the food industry.

That used to be the case for another prominent South Korea-based culinary academy, tsuji+1. According to marketing team manager Park Sun-jung, however, there has been an increase in the number of middle-aged male students enrolling in classes as a hobby.

★ 단어와 숙어

food industry 식품 산업
prominent 눈에 띄는, 두드러진, 현저한

culinary 요리의, 부엌의
either 어느 쪽의, 또한, 역시, 양쪽

Explanation ⌄

Le Cordon Bleu-Sookmyung PR manager Yang Jin-won said that like Han, most men in their 50s or older who enroll at the academy are either interested in opening their own restaurant or are working in the food industry.

- **like Han** 한과 마찬가지로, **most men in their 50s or older** 50대나 그 이상의 남자들 대부분 **who enroll at the academy~** 그 학원에 등록하는 (**who**는 관계대명사로서 앞에 놓인 **the most men in their 50s or older**을 수식하는 형용사절)

- **they are either interested in opening their own restaurant or are working in the food industry.** 그들은 그들의 식당을 개점하는데 관심이 있거나 또는 식품산업에서 일하고 있다.

That used to be the case for another prominent South Korea-based culinary academy, tsuji+1. According to marketing team manager Park Sun-jung, however, there has been an increase in the number of middle-aged male students enrolling in classes as a hobby.

- 취미로서 클래스에 등록하는 중산층 남학생의 숫자가 늘어났다.

Park revealed 박은 밝혔다 that while middle-aged male students 중년 남학생들은 are primarily interested in French and Italian food, 주로 불란서 이태리 요리에 관심이 있고 they are also interested in the academy's wine and food pairing gourmet classes. 그들은 또한 이 학원에 와인과 음식 2인 한 조 미식가 교실에 관심이 있다 This shows 이것은 나타낸다 that men 남자들이 seem to be, as Olive's Seo said, 올리브의 서가 말하는 것과 같은 것으로 보인다는 것을 taking on cooking 요리를 배우는 것이 as a leisurely pastime that enables them to satisfy their own hunger for good grub. 그들이 좋은 맛에 대한 목마름을 만족시켜줄 수 있는 오락으로 요리를 하는 것으로

In Seo's opinion, 서의 의견에서 a new hobby prompted by a love of food 요리 사랑에 의해서 야기된 새로운 취미는 is only one of the reasons 그 이유 중의 하나일 뿐이다 why more men are entering the kitchen. 왜 더 많은 남자들이 부엌에 들어가고 있는가에 대한

"The second reason 두 번째 이유는 comes from social circumstances, 사회적인 환경에서 오고 from an increase in the number of those who eat alone," 이는 혼자 식사하는 사람들의 수가 늘어나고 있는 데서 온다 Seo said. 라고 서는 말했다

Translated into Korean

박은 중년 남성학생들은 주로 불란서 이태리 요리에 관심이 있고 그들은 또한 이 학원에 와인과 음식 2인 한 조 미식가 교실에 관심이 있다는 것을 밝혔다. 이것은 남자들이 올리브의 서가 말하는 것과 같이 주로 그들은 좋은 맛에 대한 목마름을 만족시켜줄 수 있는 오락으로 요리를 하고 있음을 보여준다.

서의 의견에서 요리사랑에 의해서 야기된 새로운 취미는 왜 더 많은 남자들이 부엌에 들어가고 있는가 그 이유중의 하나일 뿐이다.

"두 번째 이유는 사회적인 환경에서 오고 이는 혼자 식사하는 사람들의 수가 늘어나고 있는 데서 온다." 라고 서는 말했다.

Article ⌄

Park revealed that while middle-aged male students are primarily interested in French and Italian food, they are also interested in the academy's wine and food pairing gourmet classes. This shows that men seem to be, as Olive's Seo said, taking on cooking as a leisurely pastime that enables them to satisfy their own hunger for good grub.

In Seo's opinion, a new hobby prompted by a love of food is only one of the reasons why more men are entering the kitchen.

"The second reason comes from social circumstances, from an increase in the number of those who eat alone," Seo said.

★ 단어와 숙어

reveal 밝히다, 보여주다, 말하다
primarily 주로, 우선, 원래
pairing 편성, 접합, 결합
leisurely 여유 있는, 느긋하게, 한가로운
pastime 취미, 여가, 기분전환
enable 가능하게 하다, 할 수 있게 하다

hunger 갈망
grub ～을 파다, ～을 뿌리째 뽑다, 유충, 음식
opinion 의견, 생각, 견해, 관점
prompt 신속한, 촉발하다
enter 입장하다, 참가하다
circumstance 환경, 상황

Explanation ⌄

Park revealed that while middle-aged male students are primarily interested in French and Italian food, they are also interested in the academy's wine and food pairing gourmet classes. This shows that men seem to be, as Olive's Seo said, taking on cooking as a leisurely pastime that enables them to satisfy their own hunger for good grub.

- **the academy's wine and food pairing gourmet classes** 그 학원의 와인과 식품을 한 조로 하는 미식가 클래스
- **they are also interested in the academy's wine and food pairing gourmet classes.** 그들은 그 학원의 와인과 음식을 한 조로 하는 미식가 반에도 역시 관심이 있다.

In Seo's opinion, a new hobby prompted by a love of food is only one of the reasons why more men are entering the kitchen.

- '서' 의 견해로, 식품 사랑에 의해 생긴 새로운 취미는 더 많은 남자들이 부엌으로 들어오는 유일한 이유이다.

"The second reason comes from social circumstances, from an increase in the number of those who eat alone," Seo said.

- 두 번째 이유는 사회적 환경 즉 혼자 식사를 하는 사람들의 숫자가 늘어나는 데서 온다.

Bilingual Reading ⌄

"Lots of men 많은 남자들이 are living a single lifestyle, 독신생활 방식으로 살아가고 있다" Seo explained. 라고 서는 설명했다 "For example, 예를 들면 there are fathers whose families are living abroad 그의 가족들이 해외에서 살고 있는 아빠들이 있고 or husbands who work in a different city than their spouses, 또는 그의 배우자가 사는 곳이 아닌 다른 곳에서 살거나 so they need to cook for themselves." 그래서 그들 스스로 요리할 필요성이 있다

According to Statistics Korea, 통계청에 의하면 there was a notable increase 주목할 정도로 많이 늘어났다 in the number of divorces in men in their late 50s and 60s and over 50대말에서 60대 이상의 남자들 가운데에 이혼한 숫자가 between 2011 and 2012. 특히 2011에서 2012년 사이에 There was an 8 percent increase in divorces of men in their late 50s 50대 말의 이혼율은 8%가 증가했고 and a 6.1 percent increase in men in their 60s and over divorcing. 60대 이상의 이혼한 남자들은 6.1%가 증가했다 Furthermore, from 2000 to 2010 더욱이 2000년에서 2010년까지 there was a 103.6 percent increase in the number of men living alone. 혼자 사는 남자들의 수는 103.6% 증가했다

Translated into Korean

"많은 남자들이 독신생활 방식으로 살아가고 있다 라고 서는 설명했다. "예를 들면 그의 가족들이 해외에서 살고 있는 아빠들이 있고 또는 그의 배우자가 사는 곳이 아닌 다른 곳에서 살고 그래서 그들 스스로 요리할 필요성이 있다 고 설명했다."

통계청에 의하면 50대말에서 60대 이상의 남자들 가운데에 이혼한 숫자가 주목할 정도로 많이 늘어났다. 특히 2011에서 2012년 사이에 50대 말의 이혼율은 8%가 증가했고 60대 남자들은 6.1%가 증가했다. 더욱이 2000년에서 2010년까지 혼자 사는 남자들의 수는 103.6%증가했다.

Article ⌄

"Lots of men are living a single lifestyle," Seo explained. "For example, there are fathers whose families are living abroad or husbands who work in a different city than their spouses, so they need to cook for themselves."

According to Statistics Korea, there was a notable increase in the number of divorces in men in their late 50s and 60s and over between 2011 and 2012. There was an 8 percent increase in divorces of men in their late 50s and a 6.1 percent increase in men in their 60s and over divorcing. Furthermore, from 2000 to 2010 there was a 103.6 percent increase in the number of men living alone.

★ 단어와 숙어

lifestyle 사는 방식, 생활 양식
spouse 배우자
statistics 통계 자료

notable 주목할 만한, 두드러진
divorce 이혼, 분리, 결별
furthermore 게다가, 더욱이, 또한

Explanation

"Lots of men are living a single lifestyle," Seo explained.

❋ "많은 사람들이 독신 생활 양식으로 살아 가고 있다."

"For example, there are fathers whose families are living abroad or husbands who work in a different city than their spouses, so they need to cook for themselves."

❋ 예를 들면 가족이 해외에 살고 있는 아버지들도 있고 그들의 배우자들과 다른 도시에서 사는 남편들도 있다. 그래서 그들은 혼자서 요리를 해야 할 필요가 있다.

According to Statistics Korea, there was a notable increase in the number of divorces in men in their late 50s and 60s and over between 2011 and 2012. There was an 8 percent increase in divorces of men in their late 50s and a 6.1 percent increase in men in their 60s and over divorcing. Furthermore, from 2000 to 2010 there was a 103.6 percent increase in the number of men living alone.

❋ 더욱이 2000 에서 2010년도까지 혼자 사는 남자의 수가 103.6 퍼센트가 증가 되었다.

PART 2

Bilingual Reading ☑

While the numbers 이 수치는 point to a rise in the number of men 남자들의 수가 증가하고 있음을 가리키고 있는데 who are likely leading the lifestyle of a singleton 그들은 앞으로 독신생활을 할 가능성이 있고 and who therefore may need to learn to cook as a necessity, 또 그런 이유로 해서 필수적으로 요리하는 방법을 배워야 한다고 Gangnam-gu Lifelong Learning's Moon stressed 강남구 평생교육의 문 씨는 강조했다 that societal perceptions 사회적인 인식도 also play an important role in bringing more men into the kitchen, 더 많은 남자들을 부엌으로 끌어 들이는데 하나의 중요한 역할을 역시 하고 있다 라고 with a society 이 사회가 that upholds gender equality 평등 주의를 as the norm increasingly focused 남성여성의 동등권으로 지향함으로써 on the role men play 남자들이 하는 역할에 within their families. 그들의 가족 내에서

"My wife welcomes it," 나의 아내도 이것을 환영한다 said Kang Tae-hong, 63, 라고 강태홍(63)은 말했다 who enrolled at Daddy's Cooking Class 그는 아빠요리교실에 등록했다고 after a few other men at his office started attending the program. 그의 사무실에 있는 몇몇 다른 사람들이 이 프로그램에 참석 한 후에 started attending the program.

Translated into Korean

이 수치는 앞으로 독신생활을 할 가능성이 있고 또 그런 이유로 해서 필수적으로 요리하는 방법을 배워야 하는 남자들의 수가 증가하고 있음을 가리키고 있는데 강남구 평생교육의 문 씨는 사회적인 인식이 더 많은 남자들을 부엌으로 끌어 들이는데 하나의 중요한 역할을 역시 하고 있다 라고 강조했다. 이 사회가 남성여성의 동등권을 그들의 가족 내에서 남자들이 하는 역할에 중점을 두고 있기 때문이다.

강태홍(63) 씨는 그의 사무실에 있는 몇몇 다른 사람들이 이 프로그램에 참석 한 후에 그는 아빠요리교실에 등록했다고 "나의 아내도 이것을 환영한다" 라고 말했다.

Article ⌄

While the numbers point to a rise in the number of men who are likely leading the lifestyle of a singleton and who therefore may need to learn to cook as a necessity, Gangnam-gu Lifelong Learning's Moon stressed that societal perceptions also play an important role in bringing more men into the kitchen, with a society that upholds gender equality as the norm increasingly focused on the role men play within their families.

"My wife welcomes it," said Kang Tae-hong, 63, who enrolled at Daddy's Cooking Class after a few other men at his office started attending the program.

★ 단어와 숙어

while ~동안에, ~에 반하여, 잠시
singleton 하나씩 일어나는 것, 단독 개체, 일인 개인
therefore 따라서, 그러므로, 그렇기 때문에
necessity 필수품, 생필품
stress 강조하다, 중점을 두다, 압박하다
societal 사회의, 사회 활동의
perception 인식, 지각, 이해
bring ~ into 끌어 들이다, 초래하다

uphold 지키다, 확정하다, 따르다, 유지하다, 떠받치다
gender 성별
gender equality 남녀 평등, 성별 균형
norm 기준, 표준
focus on ~에 초점을 맞추다, ~에 집중하다, ~에 주력하다

Explanation ⌄

While the numbers point to a rise in the number of men who are likely leading the lifestyle of a singleton and who therefore may need to learn to cook as a necessity, Gangnam-gu Lifelong Learning's Moon stressed that societal perceptions also play an important role in bringing more men into the kitchen, with a society that upholds gender equality as the norm increasingly focused on the role men play within their families.

❄ 그 숫자는 독신 생활 방식으로 살아가고 그리고 꼭 필요한 일로서 요리를 배워야 할 필요가 있는 남자들의 숫자가 늘어나고 있다는 것을 지적하고 있지만, 강남구 평생교육의 문은 사회인식이 또한 더 많은 남자들을 부엌으로 끌어드리는 역할을 하고 있다고 강조했다.

"My wife welcomes it," said Kang Tae-hong, 63, who enrolled at Daddy's Cooking Class after a few other men at his office started attending the program.

❄ 강태홍 (63) 씨는 그의 사무실에 있는 몇몇 다른 사람들이 이 프로그램에 참석 한 후에 '대디 쿠킹 클래스에 등록을 했다.

Bilingual Reading ▽

Kang, who runs his own business, 자기 자신의 사업을 운영하고 있는 강씨는 explained how the class is also practical 이 요리교실이 역시 얼마나 실용적인가를 설명했다 because now "I can make food when I am home alone." 내가 집에 혼자 있을 때에 내가 요리를 할 수 있기 때문에

Fellow student Kim Kon-seok, 69, 동료학생 김권석(69) 씨는 revealed 털어놓았다 that after he quit his job two years ago, 2년 전에 자기 직장을 그만 둔 뒤에 he ended up eating at home two to three times a week. 그는 일주일에 2, 3번 집에서 식사를 했던 것을 끝냈다고 Aware of the toll 모든 인식 that cooking all those meals 즉, 모든 요리를 한다는 것은 would take on his wife 자기 부인에게 얼마나 많은 귀찮음을 주는가 and of his own personal desire 그리고 개인적 욕구가 to be able to eat a wide variety of dishes throughout the week, 일주일 동안에 다양한 요리를 먹을 수 있다는 he acted upon a relative's suggestion that he take a cooking class. 요리교실에 다녀보라는 친척의 충고를 듣고 그는 그대로 따랐다

Translated into Korean

자기 자신의 사업을 운영하고 있는 강씨는 "내가 집에 혼자 있을 때에 내가 요리를 할 수 있기 때문에 이 요리교실이 역시 얼마나 실용적인가를 설명했다.

동료학생 김권석(69) 씨는 2년 전에 자기 직장을 그만 둔 뒤에 그는 일주일에 2,3번 집에서 식사를 했던 것을 끝냈다고 털어놓았다. 이 모든 요리를 한다는 것은 자기 부인에게 얼마나 많은 귀찮음을 주는가 그리고 일주일 동안에 다양한 요리를 먹을 수 있다는 개인적인 욕구를 인식하게 된 그는 요리교실에 다녀보라는 친척의 충고를 듣고 그대로 따랐다.

One is picking up a wide kind of vegetables from a garden.
한 사람이 정원에서 갖가지 채소를 따고 있다.

Article ☑

Kang, who runs his own business, explained how the class is also practical because now "I can make food when I am home alone."

　Fellow student Kim Kon-seok, 69, revealed that after he quit his job two years ago, he ended up eating at home two to three times a week. Aware of the toll that cooking all those meals would take on his wife and of his own personal desire to be able to eat a wide variety of dishes throughout the week, he acted upon a relative's suggestion that he take a cooking class.

★ 단어와 숙어

fellow 동료
quit 사직하다
aware 알고 있는, 인식하는, 의식하는, 깨달은
toll 대가, 피해, 통행료
variety 다양한, 갖가지, 여러 종류

throughout 처음부터 끝까지, 모조리, ~ 내내, 완전히
relative 친척
suggestion 제안, 조언

Explanation ⌄

Kang, who runs his own business, explained how the class is also practical because now "I can make food when I am home alone."

* **run one's own business** ~개인 사업을 하다
* **how the class is also practical**~그 클래스가 얼마나 실용적인가를
* 개인 사업을 하고 있는 강 씨는 "내가 혼자 있을 때 요리를 할 수 있기" 때문에 그 쿠킹 클래스가 대단히 실용적이다 라고 설명했다.

Fellow student Kim Kon-seok, 69, revealed that after he quit his job two years ago, he ended up eating at home two to three times a week. Aware of the toll that cooking all those meals would take on his wife and of his own personal desire to be able to eat a wide variety of dishes throughout the week, he acted upon a relative's suggestion that he take a cooking class.

* **toll** 대가, 희생
* **cooking all those meals would take toll on his wife ~** 이 모든 음식을 요리하는 일이 자기 부인에게 어려움을 끼친다.
* 이 모든 요리를 한다는 것은 자기 부인에게 주는 어려움과 그리고 일 주 내내 다양한 요리를 먹을 수 있다는 욕구를 인식한 그는 요리 강습을 받으라는 친척의 제안에 따라 행동을 했다.

PART 2

Bilingual Reading ▽

"So I came here, 그래서 내가 이곳에 왔다 I tried it and it was not that hard, 나는 노력했고 이 일은 그다지 어렵지 않았다" Kim said, 라고 김이 말하면서 adding that he plans to keep on going to Daddy's Cooking Class. 그는 앞으로도 계속해서 아빠요리교실에 갈 계획이라고 덧붙였다 "I feel happy when I cook my own food." 나는 내 자신의 음식을 직접 요리할 때 행복함을 느낀다

Gone are the ancient perceptions of the alpha male's role in society. 우리 사회의 제 일의 남성역할이라는 고대 인식이 다 사라졌다

Jin Yang-ho, 60, 진양호(60) 씨는 a professor of food service and culinary management at the college of tourism sciences, Kyonggi University, 경기대학 관광대학의 식품서비스 요리경영 교수는 recapped that age-old concept, 예전의 개념을 다시 재포장 하면서 explaining how in the past, "the older generations saw the kitchen as no-man's territory." 나이가 더 많은 세대들은 과거에 왜 부엌을 남성금지 구역으로 했는가를 설명했다

That attitude has changed. 그와 같은 태도는 변했다 Now, men are taking cooking on as a challenge, 지금은 남자들이 하나의 도전으로써 요리를 택하고 있다 says Jin. 라고 진은 말하고 있다 The key, however, 하지만 중요한 것은 is that it is a challenge that is not too daunting. 요리는 그렇게까지 두렵지 않은 도전이라는 것이다 If cooking 만약에 요리가 may have possessed an air of the formidable in the old days, 옛날에는 근접할 수 없는 분위기를 가지고 있었다 하더라도 now it is far more approachable and accessible. 지금은 옛날보다 훨씬 접근이 용이하고 더욱이 쉽게 이해할 수 있는 것이다

Translated into Korean

"그래서 내가 이곳에 왔다. 나는 노력했고 이 일은 그다지 어렵지 않았다. 라고 김이 말하면서 그는 앞으로도 계속해서 아빠요리교실에 갈 계획이라고 덧붙였다. "나는 내 자신의 음식을 직접 요리할 때 행복함을 느낀다." 우리 사회의 제 일의 남성역할이라는 고대 인식이 다 사라졌다.

진양호(60) 씨는 경기대학 관광대학의 식품서비스 요리경영 교수는 예전의 개념을 다시 재포장 하면서 나이가 더 많은 세대들은 과거에 왜 부엌을 남성금지 구역으로 했는가를 설명했다.

그와 같은 태도는 변했다. 지금은 남자들이 하나의 도전으로써 요리를 택하고 있다 라고 진은 말하고 있다. 하지만 중요한 것은 요리는 그렇게까지 두렵지 않은 도전이라는 것이다. 만약에 요리가 옛날에는 근접할 수 없는 분위기를 가지고 있었다 하더라도 지금은 옛날보다 훨씬 접근이 용이하고 더욱이 쉽게 이해할 수 있는 것이다.

Article

"So I came here, I tried it and it was not that hard," Kim said, adding that he plans to keep on going to Daddy's Cooking Class. "I feel happy when I cook my own food."

Gone are the ancient perceptions of the alpha male's role in society.

Jin Yang-ho, 60, a professor of food service and culinary management at the college of tourism sciences, Kyonggi University, recapped that age-old concept, explaining how in the past, "the older generations saw the kitchen as no-man's territory."

That attitude has changed. Now, men are taking cooking on as a challenge, says Jin. The key, however, is that it is a challenge that is not too daunting. If cooking may have possessed an air of the formidable in the old days, now it is far more approachable and accessible.

★ 단어와 숙어

hard 어려운, 힘든
ancient 오래된, 옛날의
alpha male 남성 우월
tourism science 관광학
recap recapitulation 재생시키다, 다시 씌우다
territory 영역, 세력권
attitude 태도, 사고 방식, 자세

challenge 도전, 어려운 문제
daunting 사람을 두렵게 하는, 위협적인, 두려운, 곤란한, 벅찬
possess 가지다, 보유하다, 지니다
formidable 처리하기가 어려운
approachable 가까이 하기 쉬운, 이해하기 쉬운
accessible 이용하기 쉬운

Explanation

"So I came here, I tried it and it was not that hard," Kim said, adding that he plans to keep on going to Daddy's Cooking Class. "I feel happy when I cook my own food."

❋ keep on + 동명사(ing)는 동작의 계속을 나타내다.

❋ he plans to keep on going to Daddy's Cooking Class.

❋ 그는 계속 '대디 요리 클래스'에 갈 계획이다.

Gone are the ancient perceptions of the alpha male's role in society.

❋ alpha male 우두머리 수컷, 어떤 그룹에서 최고 권력을 가진 최고 위에 있는 남성

Jin Yang-ho, 60, a professor of food service and culinary management at the college of tourism sciences, Kyonggi University, recapped that age-old concept, explaining how in the past, "the older generations saw the kitchen as no-man's territory."

❋ 경기대학교 관광대학 식품요리 관리학과 교수

That attitude has changed. Now, men are taking cooking on as a challenge, says Jin. The key, however, is that it is a challenge that is not too daunting. If cooking may have possessed an air of the formidable in the old days, now it is far more approachable and accessible.

❋ 하지만 (however) 키는 요리는 (it) 무섭지 않는 도전이라는 것이다. 옛날에는 요리라 하면 어렵다는 냄새를 가졌을지도 모르지만 지금은 훨씬 더 가까이 하기 쉽고 이해하기가 쉽다.

Bilingual Reading ⌄

"Now that many restaurants have open kitchens, 많은 식당들이 개방식 부엌을 가지고 있음으로 해서 people feel like they can do it themselves," 사람들은 그들도 그 일을 할 수 있는 것으로 느끼고 있다Jin explained, 진교수는 설명하면서 adding that being able to see 볼 수 있다고 덧붙였다 how the experts concoct dishes like pasta and steak makes cooking 전문가들이 파스타나 스테이크 같은 요리를 어떻게 만드는가를 less of a mystery. 요리의 신비성을 줄이는

Furthermore, 더욱이 the development of ready-made sauces 사용할 수 있도록 만들어놓은 소스 개발이나 and other such products 다른 상품들은 has made cooking easier, 요리를 더욱 쉽게 만들었다고 said Jin. 진교수는 말한다

"One can look up recipes online," 누구나 온라인에서 요리법을 찾아볼 수 있다 Jin added. 진교수는 덧붙였다

While single-style living, 독신 생활하는 동안에 gourmet tastes and the increased approachability of cooking 미식가의 맛과 요리에 접근성이 더욱 늘어나는 것은 may all play a key role in getting more men to cook, 더 많은 남성들이 요리를 할 수 있게끔 만드는데 중요한 역할을 하는 지도 모르지만 current trends towards holistic well-being 우수한 건강 식품으로 향하는 최근 경향과 and changes in how men in the kitchen 그리고 부엌에서 남성들이 어떻게 인식되는가의 변화는 are perceived seem to have also wielded some influence. 어느 정도의 영향을 미치는 것 같이 보인다

Translated into Korean

"많은 식당들이 개방식 부엌을 가지고 있음으로 해서 사람들은 그들도 그 일을 할 수 있는 것으로 느끼고 있다 라고 진교수는 설명하면서 전문가들이 파스타나 스테이크 같은 요리를 어떻게 만드는가를 볼 수 있다는 것은 요리의 신비성을 줄이는 것이라고 덧붙였다.

더욱이 사용할 수 있도록 만들어 놓은 소스 개발이나 다른 상품들은 요리를 더욱 쉽게 만들었다고 진교수는 말한다.

"누구나 온라인에서 요리법을 찾아볼 수 있다." 진교수는 덧붙였다.

독신 생활하는 동안에 미식가의 맛과 요리에 접근성이 더욱 늘어나는 것은 더 많은 남성들이 요리를 할 수 있게끔 만드는데 중요한 역할을 하는 지도 모르지만 우수한 건강 식품으로 향하는 최근 경향과 그리고 부엌에서 남성들이 어떻게 인식되는가의 변화는 어느 정도의 영향을 미치는 것 같이 보인다.

Article ⌄

"Now that many restaurants have open kitchens, people feel like they can do it themselves," Jin explained, adding that being able to see how the experts concoct dishes like pasta and steak makes cooking less of a mystery.

Furthermore, the development of ready-made sauces and other such products has made cooking easier, said Jin.

"One can look up recipes online," Jin added.

While single-style living, gourmet tastes and the increased approachability of cooking may all play a key role in getting more men to cook, current trends towards holistic well-being and changes in how men in the kitchen are perceived seem to have also wielded some influence.

★ 단어와 숙어

concoct 섞어서 만들다. 혼합하여 만들다. 만들어 내다. 조합하다

mystery 알기 힘든

furthermore 게다가. 더욱이. 뿐만 아니라

ready-made 기성품인. 준비된

look up 검색하다. 쳐다보다

recipe 요리법

single-style living 독신 생활

trend 추세. 경향. 현상

holistic 전체적인. 전반적인

well-being 행복. 질 높은 삶

wield 미치다. 휘두르다. 행사하다. 교묘하게 쓰다

Explanation

"Now that many restaurants have open kitchens, people feel like they can do it themselves," Jin explained, adding that being able to see how the experts concoct dishes like pasta and steak makes cooking less of a mystery.

- ✱ **Now that ~** 이므로 (문장 앞에 오며 접속사로 쓰인다)
- ✱ 많은 식당들이 개방식당을 가지고 있으므로, 사람들은 자기들 손수 요리를 할 수 있다고 생각한다.

Furthermore, the development of ready-made sauces and other such products has made cooking easier, said Jin.

- ✱ **make cooking easier** 요리를 더 쉽게 만든다
- ✱ 다른 그와 같은 상품이 요리를 더 쉽게 만들었다.

"One can look up recipes online," Jin added.
While single-style living, gourmet tastes and the increase approachability of cooking may all play a key role in getting more men to cook, current trends towards holistic well-being and changes in how men in the kitchen are perceived seem to have also wielded some influence.

- ✱ **single-style living** 독신 양식 생활
- ✱ 독신생활, 미시가 맛 그리고 요리 접근성 증가 더 많은 남자들을 요리를 하게끔 만드는 데 중요한 역할을 한 반면에

"Well-being, healing trends 건강 치료 추세는 have made us a very health-conscious generation 우리 모두를 건강 인식 세대로 만들었으며 and cooking is a natural extension of that," 요리는 그것의 자연적인 연장선이다 said Jin. 라고 진교수는 말했다

Not only have trends like "well-being" and "healing" 건강 힐링과 같은 추세는 potentially spurred the increase in the number of men who cook, 요리하는 남성들의 수 증가를 야기시켰을 뿐만 아니라 so has the way that men cooking are looked upon. 요리하는 남자들이 사회에서 어떻게 보여지는가 그 인식을 가져왔다

"Women no longer seem to harbor dreams of meeting a tough, macho alpha male," 여성들은 더 이상 건장하고 멋있는 남자를 만나겠다는 꿈을 꾸지 않는다 said Olive's Seo. 고 올리브 서가 말한다 "Now that women are working hard, 여성들도 열심히 일함으로써 they seem to harbor dreams of a guy who can whip up brunch in the morning." 그들도 아침에 브런치를 만들어 낼 수 있는 그런 사람에 대한 꿈을 마음속에 간직하고 있는 것처럼 보인다

Translated into Korean

"건강 치료 추세는 우리 모두를 건강 인식 세대로 만들었으며 요리는 그것의 자연적인 연장선이다" 라고 진교수는 말했다. "건강 힐링과 같은 추세는 요리하는 남성들의 수 증가를 야기시켰을 뿐만 아니라 요리하는 남자들이 사회에서 어떻게 보여지는가 그 인식을 가져왔다.

"여성들은 더 이상 건장하고 멋있는 남자를 만나겠다는 꿈을 꾸지 않는다 고 올리브 서가 말한다. 여성들도 열심히 일함으로써 그들도 아침에 브런치를 만들어 낼 수 있는 그런 사람에 대한 꿈을 마음속에 간직하고 있는 것처럼 보인다."

Article ⌄

"Well-being, healing trends have made us a very health-conscious generation and cooking is a natural extension of that," said Jin.

Not only have trends like "well-being" and "healing" potentially spurred the increase in the number of men who cook, so has the way that men cooking are looked upon.

"Women no longer seem to harbor dreams of meeting a tough, macho alpha male," said Olive's Seo. "Now that women are working hard, they seem to harbor dreams of a guy who can whip up brunch in the morning."

★ 단어와 숙어

heal 치료하다, 고치다, 효능이 있다
conscious 자각하고 있는, 의식한
generation 세대
natural 당연한, 정상적인
extension 확대, 확장, 연장
potentially 가능성으로서, 어쩌면

spur 박차, 자극, 충동
no longer 이미 ∼ 아니다, 더 이상 ∼ 않다
harbor 품다, 숨겨주다, 정박하다
macho 남성적인, 남자다운, 기백 있는, 늠름한
whip up 유발하다, ∼을 흥분시키다, ∼을 재빨리 준비하다

Explanation ⌄

"Well-being, healing trends have made us a very health-conscious generation and cooking is a natural extension of that," said Jin.

✹ **well-being** 건강 행복 **healing trend**~치료 추세 **health-conscious** 건강 인식 **a natural extension of that** 그것의 자연적 연장선

✹ 건강 치료추세가 우리를 바로 건강인식 세대로 만들었는지 모른다. 그리고 요리는 그것의 자연적 연장선이다.

Not only have trends like "well-being" and "healing" potentially spurred the increase in the number of men who cook, so has the way that men cooking are looked upon

✹ **potentially** 어쩌면 **(possibly)**

✹ **not only** 문장을 강조하기 위해 문장 앞에 놓았고 주어와 조동사의 자리가 바뀌었다. **(have** 동사가 주어 앞에 전치 되었다**)**

✹ 건강 치료와 같은 추세가 어쩌면 요리하는 남자의 수 증가를 자극했을 뿐만 아니라.

"Women no longer seem to harbor dreams of meeting a tough, macho alpha male," said Olive's Seo. "Now that women are working hard, they seem to harbor dreams of a guy who can whip up brunch in the morning."

✹ 여성들도 거칠고 남성다운 남자를 만나는 꿈을 더 이상 품지 않는 것으로 보인다.

Choi Jung-hoon (left) and Park Hyun-sook (right) and their daughter Jae-a enjoy their spare time at their hanok in Tongui-dong, central Seoul, Wednesday.
Chung Hee-cho/The Korea Herald

최정훈(왼쪽)과 박현숙(오른쪽) 그리고 딸 재아가 서울 통의동 한옥에서 즐거운 한때를 보내고 있다.

Hanok, where humans live with nature

인간이 자연과 더불어 살 수 있는 한옥

Boom in retro and eco-conscious style has hanok in high demand

Published : 2013-04-12 22:10

By **Bae Ji-sook** (baejisook@heraldcorp.com)

Bilingual Reading

Sound engineer Choi Jung-hoon and his wife Park Hyun-sook 음향기사 최중훈과 그의 부인 박현숙은 moved into a hanok, or Korean traditional house, in Tongui-dong, central Seoul, in August 2011. 2011년 8월에 서울 중구에 있는 통의동 한옥 한국의 전통 집으로 이사했다

The one-story house, 그 일층 가옥은 believed to have been built more than 100 years ago, 100년보다 훨씬 전에 지어진 것으로 생각되는 is located in a narrow and crooked alley 구불구불한 골목길에 위치해 있다 behind small galleries near Gyeongbokgung Palace. 좁고 경복궁 가까이에 있는 조그만 갤러리 뒤에 있는 The area 이 지역은 is clustered with hanok 한옥으로 밀집되어 있고 and old one-story abodes 오래된 일층 집들이 which create a humble, tranquil and peaceful atmosphere. 조용하고 평화스러운 분위기를 창출한다

Choi and Park, 최와 부인 박씨는 with their children, 5-year-old Jae-yul and 9-month-old Jae-a, 그들 자녀 5살 재열과 9개월된 재아 자녀들과 같이 살고 있는 have been happy ever since their move. 그들이 이사온 이래로 지금까지 행복하다

Translated into Korean

음향기사 최중훈과 그의 부인 박현숙은 2011년 8월에 서울 중구에 있는 통의동 한옥 한국의 전통 집으로 이사했다.

100년보다 훨씬 전에 지어진 것으로 생각되는 그 일층 가옥은 좁고 경복궁 가까이에 있는 조그만 갤러리 뒤에 있는 구불구불한 골목길에 위치해 있다. 이 지역은 한옥으로 밀집되어 있고 오래된 일층 집들이 수수하고 조용하고 평화스러운 분위기를 창출한다.

그들 자녀 5살 재열과 9개월된 재아 자녀들과 같이 살고 있는 최와 부인 박씨는 그들이 이사온 이래로 지금까지 행복하다.

Article ⌄

Sound engineer Choi Jung-hoon and his wife Park Hyun-sook moved into a hanok, or Korean traditional house, in Tongui-dong, central Seoul, in August 2011.

The one-story house, believed to have been built more than 100 years ago, is located in a narrow and crooked alley behind small galleries near Gyeongbokgung Palace. The area is clustered with hanok and old one-story abodes which create a humble, tranquil and peaceful atmosphere.

Choi and Park, with their children, 5-year-old Jae-yul and 9-month-old Jae-a, have been happy ever since their move.

★ 단어와 숙어

nature 자연	**alley** 골목, 통로
boom 인기 있다, 상승	**cluster** 모이다, 무리를 이룬
retro 재유행	**abode** 주소, 체류, 집
retrospective 회고전	**humble** 소박한
one-story 단층	**tranquil** 조용한, 고요한
crooked 구부러진, 굽은, 비뚤어진	**atmosphere** 분위기

Sound engineer Choi Jung-hoon and his wife Park Hyun-sook moved into a hanok, or Korean traditional house, in Tongui-dong, central Seoul, in August 2011.

❋ **move into a place** ～ 로 이사하다　**Korean traditional house** ～ 한국 전통 가옥

The one-story house, believed to have been built more than 100 years ago, is located in a narrow and crooked alley behind small galleries near Gyeongbokgung Palace. The area is clustered with hanok and old one-story abodes which create a humble, tranquil and peaceful atmosphere.

❋ **, believed to have built more than 100 years ago → which is believed to have been built** (관계대명사) **which is**가 생략되고 대신, **believed to have been built** 로 사용되었다.

❋ 100년 전에 지어진 것으로 믿어지는 1층 가옥은 경복궁 가까이 있는 조그마한 갤러리 뒤에 있는 좁고 구불구불한 뒷골목에 위치하고 있다.

❋ **be clustered with** ～ 로 밀집하다

Choi and Park, with their children, 5-year-old Jae-yul and 9-month-old Jae-a, have been happy ever since their move.

❋ **have been happy ever since their move ~ ever since** (～한 이래로 계속) 그들이 이사한 이래로 계속 지금까지 행복하다

Bilingual Reading ⌄

Park said 부인 박씨는 말했다 **it has changed** 한옥이 바꾸어 놓았다고 **their lifestyle dramatically.** 그들의 생활 방식을 극적으로

"Jae-yul constantly talks about 재열이는 늘 이야기한다 what he sees in the sky. 그가 하늘에서 본 것에 대해서 If you just sit on the maru, or terrace, 마루에만 앉아도 you will be surprised 보고 놀랄 것이다 how beautiful the sky is. 하늘이 얼마나 아름다운가를 How many of us 우리들 중에 얼마나 많은 사람들이 really see the sky from their home every day?" 그들의 집에서 저 하늘을 실제로 볼까? Park said. 박씨는 말했다

The family 이 가족은 welcomed a group of swallows that nested under the eaves of the roof last year. 작년에 지붕 처마 아래에 둥지를 튼 제비무리를 환영했다 They hatched four eggs 그들은 4개의 알을 깠고 and migrated a few months later. 몇 개월 후에 다른 곳으로 이동해 갔다 "Jae-yul always talks about the swallows. 재열이는 언제나 제비에 대해서 이야기를 한다 He also loves to look at the garden, 그는 역시 정원을 바라보고 watch flowers bloom 꽃피는 것을 바라보고 and talk to animals. 동물들에게 직접 말 건네는 것을 좋아한다 He became very playful, 그는 대단히 장난기가 생겼고 curious about nature 자연에 대해서 호기심이 생겼고 and caring for things around him, 그 주위의 모든 것을 아끼게끔 되었다 which made him even forget the fact 이런 것들을 잊어 버리게 만들었다 that he does not have television anymore!" 그를 심지어는 TV도 없다는 사실마저 Park said. 라고 박씨는 말했다

Translated into Korean

부인 박씨는 이 한옥이 그들의 생활스타일을 극적으로 바꾸어 놓았다고 말했다.

"재열이는 그가 하늘에서 본 것에 대해서 늘 이야기한다. 마루에만 앉아도 하늘이 얼마나 아름다운가 보고 놀랄 것이다. 우리들 중에 얼마나 많은 사람들이 그들의 집에서 저 하늘을 실제로 볼까"라고 박씨는 말했다.

이 가족은 작년에 지붕 처마 아래에 둥지를 튼 제비무리를 환영했다. 그들은 4개의 알을 깠고 몇 개월 후에 다른 곳으로 이동해 갔다. "재열이는 언제나 제비에 대해서 이야기를 한다. 그는 역시 정원을 바라보고 꽃피는 것을 바라보고 동물들에게 직접 말 건네는 것을 좋아한다. 그는 대단히 장난기가 생겼고 자연에 대해서 호기심이 생겼고 그 주위의 모든 것을 아끼게끔 되었다. 이런 것들을 그를 심지어는 TV도 없다는 사실마저 잊어 버리게 만들었다"라고 박씨는 말했다.

Newly hatched swallows young ones

방금 부화된 새끼 제비들

Article ⌄

Park said it has changed their lifestyle dramatically. "Jae-yul constantly talks about what he sees in the sky. If you just sit on the maru, or terrace, you will be surprised how beautiful the sky is. How many of us really see the sky from their home every day?" Park said.

The family welcomed a group of swallows that nested under the eaves of the roof last year. They hatched four eggs and migrated a few months later. "Jae-yul always talks about the swallows. He also loves to look at the garden, watch flowers bloom and talk to animals. He became very playful, curious about nature and caring for things around him, which made him even forget the fact that he does not have television anymore!" Park said.

★ 단어와 숙어

dramatically 상당히, 대단히
constantly 계속, 끊임없이
swallow 제비
nest 둥지를 틀다, 보금자리
eaves 처마

roof 지붕
hatch 부화하다, 알에서 까다
migrate 이주하다, 이동하다
playful 놀기를 잘하고, 쾌활하고
caring 돌보다, 배려하다

Explanation 

Park said it has changed their lifestyle dramatically.

"Jae-yul constantly talks about what he sees in the sky. If you just sit on the maru, or terrace, you will be surprised how beautiful the sky is. How many of us really see the sky from their home every day?" Park said.

❋ 재율이는 언제나 하늘을 쳐다보면 무엇이 보이는가에 대해 이야기한다. 마루나 테라스에만 앉아도 하늘이 얼마나 아름다운가를 당신은 놀라게 될 것이다.

The family welcomed a group of swallows that nested under the eaves of the roof last year. They hatched four eggs and migrated a few months later. "Jae-yul always talks about the swallows. He also loves to look at the garden, watch flowers bloom and talk to animals. He became very playful, curious about nature and caring for things around him, which made him even forget the fact that he does not have television anymore!" Park said.

❋ **a group of swallows** 한 무리의 제비

❋ **nest under the eaves of roof last year** 작년에 지붕 처마 밑에 둥지를 짓다.

❋ **'that'** 은 관계대명사 임. **that** 절은 **a group of swallows** 를 수식하는 형용사 절임.

❋ **become playful, curious about nature and caring for things around him,** 놀기를 좋아하게 되었고 자연에 대해 흥미를 갖게 되고 그의 주위에 있는 모든 일들에 대해 관심을 갖게 되었다.

❋ **which made him even forget the fact that he does not have television anymore 'which'** 는 앞에 문장을 가리킨다. 이는 그가 더 이상 TV도 보지 않는다는 사실도 심지어는 잊어버리게 했다. 아름다운가에 대해 놀랄 것이다.

Bilingual Reading ⌄

Most of all, 무엇보다도 both Choi and Park say 최씨와 박씨 두 사람은 말한다 they appreciate the sense of community among hanok residents. 그들이 한옥 주민들 사이의 공동의식에 감사하게 생각한다고 "Unlike apartments where everything is isolated once you shut the door, 모든 것이 일단 당신이 문을 닫으면 단절돼 버리는 아파트와는 달리 hanok 한옥은 are usually attached to one another 언제나 서로를 같이 연결시키고 and share all the information. 또 모든 정보를 공유한다 The walls aren't thick 벽은 두껍지 않고 and the sound passes on through the wood. 소리는 나무를 통해서 지나간다 You can hear the noise from the neighborhood," 당신은 이웃으로부터 나는 소음을 들을 수 있다 Choi said. 최는 말한다 "But instead of frowning 이런 모든 것에 대해서 얼굴을 찡그리거나 and complaining about it, 불평하기보다 that brings us closer together. 우리를 더욱 가깝게 만들어 준다 We know each other by names 우리는 서로의 이름을 안다 and the neighbors all greet us warmly 그리고 이웃사람들은 우리들에게 따뜻하게 인사하고 and offer to babysit our kids 우리들의 아이들을 돌보아 주겠다고 제안한다 — that's not something you can get often elsewhere," 이것은 당신이 다른 곳에서는 흔히 얻을 수 있는 그런 것들이 아니다 he added. 라고 그는 덧붙였다

Translated into Korean

무엇보다도 최씨와 박씨 두 사람은 한옥 주민들 사이의 공동의식에 감사하게 생각한다고 말한다. "모든 것이 일단 당신이 문을 닫으면 단절돼 버리는 아파트와는 달리 한옥은 언제나 서로를 같이 연결시키고 또 모든 정보를 공유한다. 벽은 두껍지 않고 소리는 나무를 통해서 지나간다. 당신은 이웃으로부터 나는 소음을 들을 수 있다." "이런 모든 것은 얼굴을 찡그리거나 불평하기보다 우리를 더욱 가깝게 만들어 준다. 우리는 서로의 이름을 안다. 그리고 이웃사람들은 우리들에게 따뜻하게 인사하고 우리들의 아이들을 돌보아 주겠다고 제안한다. 이것은 당신이 다른 곳에서는 흔히 얻을 수 있는 그런 것들이 아니다." 라고 그는 덧붙였다.

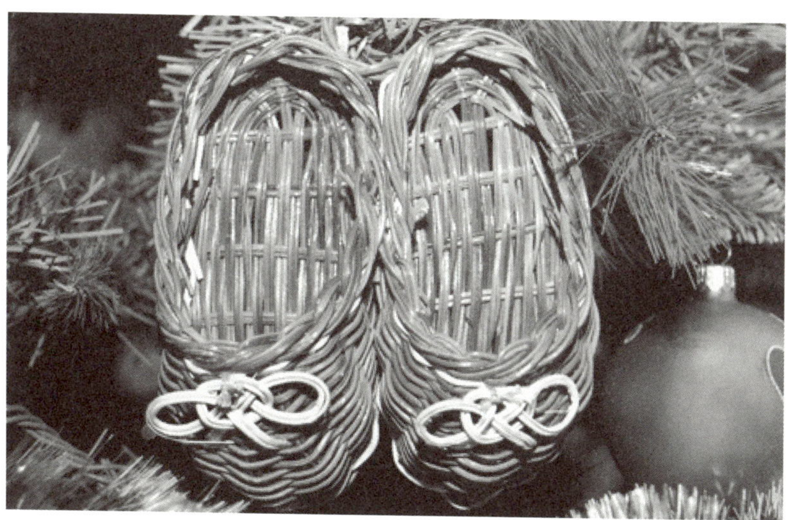

It's called "Jipsin", Korean old traditional shoes the common people would wear.
이것은 짚신이라고 부르는데 한국의 옛날 서민들이 신던 전통 신발이다.

Article ⌄

Most of all, both Choi and Park say they appreciate the sense of community among hanok residents. "Unlike apartments where everything is isolated once you shut the door, hanok are usually attached to one another and share all the information. The walls aren't thick and the sound passes on through the wood. You can hear the noise from the neighborhood," Choi said. "But instead of frowning and complaining about it, that brings us closer together. We know each other by names and the neighbors all greet us warmly and offer to babysit our kids — that's not something you can get often elsewhere," he added.

★ 단어와 숙어

appreciate 인정하다. 높이 평가하다. 감사하다
community 지역 사회
resident 주민
shut 문을 닫다
attached 붙다, 달라붙은

share 나누다. 공유하다
frowning 눈살을 찌푸린, 화가 난
complaining 불평하다. 불만
warmly 따뜻하게, 인정 있게
elsewhere 다른 어떤 곳

Explanation

Most of all, both Choi and Park say they appreciate the sense of community among hanok residents. "Unlike apartments where everything is isolated once you shut the door, hanok are usually attached to one another and share all the information. The walls aren't thick and the sound passes on through the wood. You can hear the noise from the neighborhood," Choi said. "But instead of frowning and complaining about it, that brings us closer together. We know each other by names and the neighbors all greet us warmly and offer to babysit our kids — that's not something you can get often elsewhere," he added.

- **The walls aren't thick and the sound passes on through the wood.** 벽은 두껍지 않고 소리는 나무를 통해서 지나간다.
- **But instead of frowning and complaining about it, that brings us closer together.** 그러나 그것에 대해 얼굴을 찡그리거나 불평을 말하기 보다, 그것은 우리를 더욱 가깝게 만든다.
- **that's not something you can get often elsewhere.** 그것은 다른 곳에서는 당신이 얻을 수 없는 것이다.

Bilingual Reading ⌄

The whole family also picked up walking as a pastime. 가족들 모두가 역시 오락으로 산책을 선택했다 "We have wonderful cafes 우리들은 멋있는 카페도 있고 and places to hang out, 돌아다니며 놀 수 있는 장소도 있고 just mingle with neighbors, 이웃과 어울리고 visit their houses 그들의 집도 방문하고 and spend time. 시간도 보낸다 We enjoy barbecuing with friends at the terrace 우리들은 친구들과 테라스에서 바비큐도 즐기고 and have wine parties 와인파티도 하고 where we 거기서 우리들은 turn up the music, 음악을 켠다 without inviting the neighbors' annoyance, 이웃에 귀찮음을 전혀 주지 않고 and talk about how crisp the air has become. 그리고 공기가 얼마나 상큼한가에 대해서 이야기 한다 It is heavenly," 이것은 천국이다 Choi said. 라고 최는 이야기했다

Like Choi and Park, 최와 박처럼 a growing number of people 점점 더 많은 사람들이 are keen to live in hanok. 한옥에서 살고 싶어 한다 According to the Ministry of Land, Infrastructure and Transport, 국토교통부 장관에 의하면 the number of hanok 한옥의 숫자가 rose to 89,000 in 2012, 2012년도에 8만9천채로 늘어났고 about a 60 percent rise from 55,000 in 2008. 이것은 2008년도의 5만5천에서 60%가 증가된 것이다

According to a 2009 study by the government, 정부에 의한 2009년도 조사에 의하면 41.9 percent of those surveyed 설문조사를 받은 41.9%가 hoped to live in hanok 한옥에서 살기를 원했고 and about 35 percent of female respondents in their 20s 20대의 여성응답자 중 약 35%가 expressed willingness to live in a traditional house. 전통가옥에서 살고 싶다는 의사를 나타냈다

Translated into Korean

가족들 모두가 역시 오락으로 산책을 선택했다. "우리들은 멋있는 카페도 있고 돌아다니며 놀 수 있는 장소도 있고 또 이웃과 단지 어울릴 수 있는 장소도 있고 그리고 그들의 집도 방문하고 시간도 보낸다. 우리들은 친구들과 테라스에서 바비큐도 즐기고 와인파티도 하고 거기서 우리들은 이웃에 귀찮음을 전혀 주지 않고 음악을 켠다. 그리고 공기가 얼마나 상큼한가에 대해서 이야기 한다. 이것은 천국이다"라고 최는 이야기했다.

최와 박처럼 점점 더 많은 사람들이 한옥에서 살고 싶어 한다. 국토교통부 장관에 의하면 한옥의 숫자가 2012년도에 8만9천채로 늘어났고 이것은 2008년도의 5만5천에서 60%가 증가된 것이다.

정부에 의한 2009년도 조사에 의하면 설문조사를 받은 41.9%가 한옥에서 살기를 원했고 20대의 여성응답자 중 약 35%가 전통가옥에서 살고 싶다는 의사를 나타냈다.

PART 3

Article ⌄

The whole family also picked up walking as a pastime. "We have wonderful cafes and places to hang out, just mingle with neighbors, visit their houses and spend time. We enjoy barbecuing with friends at the terrace and have wine parties where we turn up the music, without inviting the neighbors' annoyance, and talk about how crisp the air has become. It is heavenly," Choi said.

Like Choi and Park, a growing number of people are keen to live in hanok. According to the Ministry of Land, Infrastructure and Transport, the number of hanok rose to 89,000 in 2012, about a 60 percent rise from 55,000 in 2008.

According to a 2009 study by the government, 41.9 percent of those surveyed hoped to live in hanok and about 35 percent of female respondents in their 20s expressed willingness to live in a traditional house.

★ 단어와 숙어

pick up 선택하다, 고르다
hang out 놀다, 즐거운 시간을 보내다
mingle 어울리다, 섞이다, 조제하다
annoyance 성가심, 곤혹
crisp 바삭 한, 산뜻한

keen 몹시 바라다, 하고 싶다
the Ministry of Land, Infrastructure and Transport 국토 교통부
respondent 응답자, 피고
express 표현하다, 나타내다

Explanation

The whole family also picked up walking as a pastime. "We have wonderful cafes and places to hang out, just mingle with neighbors, visit their houses and spend time. We enjoy barbecuing with friends at the terrace and have wine parties where we turn up the music, without inviting the neighbors' annoyance, and talk about how crisp the air has become. It is heavenly," Choi said.

- **"We have wonderful cafes and places to hang out, just mingle with neighbors"**
- **hang out with persons** 사람들과 사귀다
- **mingle with neighbor** 이웃과 어울리다
- "우리는 멋있는 카페도 있고 이웃과 사귀고 어울릴 수 있는 장소도 있다"

Like Choi and Park, a growing number of people are keen to live in hanok. According to the Ministry of Land, Infrastructure and Transport, the number of hanok rose to 89,000 in 2012, about a 60 percent rise from 55,000 in 2008.

- **a growing number of people are keen to live in hanok.** 점점 많은 사람들이 한옥에서 살고 싶어 한다.
- **be keen to ~** 몹시 하고 싶어하다

According to a 2009 study by the government, 41.9 percent of those surveyed hoped to live in hanok and about 35 percent of female respondents in their 20s expressed willingness to live in a traditional house.

- 정부의 2009 년 한 연구에 의하면 설문조사를 받은 사람들 중 41.9% 가 한옥에 살기를 희망했고20대의 여성 응답자중 약 35% 가 전통 한옥에서 살고 싶다는 의사를 표시했다.

Bilingual Reading ⌄

The change of public perception국민의 인식 변화는 — throughout the massive economic development of the 1960s and 1970s, 1960년도와 1970년대의 거대한 경제개발을 통한 hanok was subject to "modernization and improvement," 한옥이 현대화와 개발의 대상이 되었다 replaced by Western-style housing such as apartments 아파트와 같은 서구식 주택으로 대체되는 — perhaps comes from the so-called retro trend 즉 이는 어쩌면 소위 복구 추세 and people's search for "healing" rather than 오히려 힐링에 대한 사람들의 추구에서 왔는지도 모른다 a "speedy and convenient lifestyle." 빠르고 편리한 생활스타일 보다는

"It's the nostalgia that draws people to hanok. 이것이 사람들을 한옥으로 끌어들인 향수다 Baby boomers, 베이비 부머들은 who spent their younger days in hanok 한옥에서 그들의 젊은 날들을 보내고 and then lived the rest of the time in Western housing such as apartments, 그런 다음 아파트와 같은 서구 주택에서 나머지 시간을 살아온 crave to go back now 이제 지난 날로 되돌아 가고 싶어 한다 that most of them are retired 그들의 대부분은 은퇴하고 and have enough time and money to look back on the quality of their lives," 그리고 또 그들의 생활의 질을 되돌아 볼 수 있는 돈도 있기 때문에 said Kim Kyong-soo, dean of the architecture department at Myongji University. 라고 김경수 명지대 건축학 학과장이 말했다

"It also seems that among young people tired of living 사는 것이 싫증난 젊은 사람들 가운데 in a concrete building surrounded by another concrete building, 다른 콘크리트 빌딩에 둘러싸인 콘크리트 빌딩에서 hanok 한옥은 has become a 'cool trend,'" 아주 멋있는 트렌드가 된 것같이 보인다 he added. 라고 덧붙였다

Translated into Korean

국민의 인식변화는 1960년도와 1970년대의 거대한 경제개발을 통해서 한옥이 현대화와 개발의 대상이 되어 아파트와 같은 서구식 주택으로 대체되었다. 즉 이는 어쩌면 소위 복구 추세, 빠르고 편리한 생활 스타일보다는 오히려 힐링에 대한 사람들의 추구에서 왔는지도 모른다.

"이것이 사람들을 한옥으로 끌어들인 향수다. 한옥에서 그들의 젊은 날들을 보내고 그런 다음 아파트와 같은 서구 주택에서 나머지 시간을 살아온 베이비 부머들은 그들의 대부분은 은퇴하고 충분한 시간, 그리고 또 그들의 생활의 질을 되돌아 볼 수 있는 돈도 있기 때문에 이제 지난 날로 되돌아 가고 싶어 한다. 라고 김경수 명지대 건축학 학과장이 말했다.

다른 콘크리트 빌딩에 둘러싸인 콘크리트 빌딩에서 사는 것이 싫증난 젊은 사람들 가운데 한옥은 아주 멋있는 트렌드가 된 것같이 보인다." 라고 덧붙였다.

Article ☑

The change of public perception — throughout the massive economic development of the 1960s and 1970s, hanok was subject to "modernization and improvement," replaced by Western-style housing such as apartments — perhaps comes from the so-called retro trend and people's search for "healing" rather than a "speedy and convenient lifestyle."

"It's the nostalgia that draws people to hanok. Baby boomers, who spent their younger days in hanok and then lived the rest of the time in Western housing such as apartments, crave to go back now that most of them are retired and have enough time and money to look back on the quality of their lives," said Kim Kyong-soo, dean of the architecture department at Myongji University

"It also seems that among young people tired of living in a concrete building surrounded by another concrete building, hanok has become a 'cool trend,'" he added.

★ 단어와 숙어

perception 인지, 지각
throughout 철저히, 처음부터 끝까지, 완전히
massive 대단한, 엄청난
subject 대상
modernization 현대화
improvement 개선, 향상

replaced 바꾸다, 복위시키다
convenient 편리한
nostalgia 그리움, 향수
crave 간청하다, 필요로 하다, 갈망하다
retired 은퇴한
dean 학장

Explanation ⌄

The change of public perception — throughout the massive economic development of the 1960s and 1970s, hanok was subject to "modernization and improvement," replaced by Western-style housing such as apartments — perhaps comes from the so-called retro trend and people's search for "healing" rather than a "speedy and convenient lifestyle.

- ❋ **The change of public perception ~** 대중 의식 변화
- ❋ **Hanok was subject to "modernization and improvement,"** 한옥은 "현대화와 개발"에 영향을 받았다.
- ❋ **replaced by Western-style housing such as apartment,** 아파트와 같은 서구식 주택으로 대체되었다.
- ❋ **The change of public perception perhaps comes from the so-called retro trend and people's search for "healing" rather than a "speedy and conveniently lifestyle.** 일반 인식의 변화는 소위 복구 추세와 속도나 편리한 생활 보다 사람들의 "힐링" 추구에서 오는 지도 모른다.

"It's the nostalgia that draws people to hanok. Baby boomers, who spent their younger days in hanok and then lived the rest of the time in Western housing such as apartments, crave to go back now that most of them are retired and have enough time and money to look back on the quality of their lives," said Kim Kyong-soo, dean of the architecture department at Myongji University.

- ❋ 사람들을 한옥으로 끌어드리는 것은 향수이다. 젊은 시절을 한옥에서 보내고 나머지를 아파트와 같은 서구식 집에서 보낸 베이비 붐 시대 사람들 은 그들의 대부분이 지금은 은퇴하고 시간도 충분이 있고 생활의 품질을 되돌아 볼 수 있는 돈도 있기 때문에 되돌아 가고 싶어 한다.

Bilingual Reading ⌄

Space for business 사업공간

It's not only for living 단지 생활을 위한 것만이 아니다 that people are looking to hanok. 사람들이 한옥을 희망하는 것은 Many 많은 사람들은 are opening cafes, galleries 카페, 갤러리를 열고 and other businesses in hanok, 한옥에서 다른 사업체를 연다 adding a special touch to their business. 그들의 사업에 특별한 맛을 추가하면서

Rhee In-sik, 34, 이인식(34)은 dramatically renovated 대대적으로 수리했다 a shabby hanok 낡은 한옥을 in the now-fashionable district of Samcheong-dong 지금은 유행지구가 된 삼청동의 이 지역에 in central Seoul eight years ago 8년전 서울 중부에 있는 and opened café Yeon with a travel theme. 그리고 여행테마를 붙인 카페 "연"을 문 열었다

"I was inspired 나는 감명을 받았다 during my overseas travels 해외여행 동안에 where I encountered people running cafes 카페를 운영하는 사람도 만나고 and restaurants in traditional buildings. 전통가옥에서 식당을 운영하는 사람들을 만나고 It was such a special experience for me," 이것은 나를 위해 대단히 특별한 경험이었다 Rhee said. 라고 리는 말했다

Translated into Korean

사업을 위한 공간

사람들이 한옥을 희망하는 것은 단지 생활을 위한 것만이 아니다. 많은 사람들은 그들의 사업에 특별한 맛을 추가하면서 카페, 갤러리를 열고 한옥에서 다른 사업체를 연다.

이인식(34)은 8년전 서울 중부에 있는 지금은 유행지구가 된 삼청동 이 지역에 낡은 한옥을 대대적으로 수리했다. 그리고 여행테마를 붙인 카페 연을 문 열었다.

"나는 해외여행 동안에 카페를 운영하는 사람도 만나고 전통가옥에서 식당을 운영하는 사람들을 만나고 많은 감명을 받았다. 이것은 나를 위해 대단히 특별한 경험이었다."라고 리는 말했다.

PART 3

Rhee In-sik drinks tea at his cafe, Yeon, in Samcheong-dong in central Seoul on Tuesday.
Ahn Hoon/The Korea Herald

이인식 씨는 화요일 서울 삼청동 "연"이라는 그의 까페에서 차를 마시고 있다.

Article ⌄

Space for business

It's not only for living that people are looking to hanok. Many are opening cafes, galleries and other businesses in hanok, adding a special touch to their business.

Rhee In-sik, 34, dramatically renovated a shabby hanok in the now-fashionable district of Samcheong-dong in central Seoul eight years ago and opened cafe Yeon with a travel theme.

"I was inspired during my overseas travels where I encountered people running cafes and restaurants in traditional buildings. It was such a special experience for me," Rhee said.

renovated 수선하다, 혁신하다
shabby 허름한, 보잘것없는

inspire 깊은 감명을 받다
encountered 우연히 만나다

Explanation ⌄

Space for business

It's not only for living that people are looking to hanok. Many are opening cafes, galleries and other businesses in hanok, adding a special touch to their business.

- **not only ~ but also** ~뿐만 아니라 ~ 이다 (**not only**만 사용 될 수도 있다.)
- **It's not only for living that people are looking to hanok.** 사람들이 한옥을 희망하는 것은 생활을 위해서뿐 아니다

Rhee In-sik, 34, dramatically renovated a shabby hanok in the now-fashionable district of Samcheong-dong in central Seoul eight years ago and opened caf Yeon with a travel theme.

- **now-fashionable district ~** 지금은 고급 지역인 삼청동
- 지금은 고급 지대인 삼청동에 있는 초라한 한옥 한 채를 대대적으로 수리했다.

"I was inspired during my overseas travels where I encountered people running cafes and restaurants in traditional buildings. It was such a special experience for me," Rhee said.

- 해외 여행 동안에 전통 건물에서 카페와 식당을 운영하는 것을 보고 감명을 받았다.

Bilingual Reading ⌄

In the U-shaped housing, U형 가옥에서 three or four rooms 서너 개 방은 are dedicated for the visitors to enjoy 방문객이 즐길 수 있도록 만들었다 a wide range of beverages, from Yuja mojito and traditional tea 다양한 폭넓은 종류의 음료수 즉, 유자차와 전통 차에서부터 to cocktails and wine. 칵테일, 와인에 이르기 까지 Though the guests are required to take off their shoes 손님들은 들어올 때 신발을 벗도록 규정되어 있지만 and sit on the floor, 그리고 마루에 앉도록 sometimes bearing the chills and sometimes the heat, 때때로 서늘하고 더움이 있는 the place 이 장소는 has become one of the main spots in the area. 그 지역에서 주요한 만남의 장소 중에 하나가 되었다 It is now one of the longest-standing cafes in the district, 지금은 이곳이 이 지역의 가장 오래된 카페 중에 하나다 where new stores open and shut down fairly quickly. 이곳에는 새로운 가게가 문을 열고 너무 빨리 문을 닫는다

"The great thing about hanok 한옥의 멋있는 점은 is that they grow old with the people living in it. 그 안에서 살고 있는 사람과 더불어 늙어 간다는 것이다 The wood breathes: 나무는 호흡을 한다 It shrinks in the winter 즉, 이것은 겨울에 줄어들고 and expands in the summer. 여름에는 늘어난다 People can feel the slightest breeze in the room," 사람들은 방안에서 아주 약한 미풍을 느낄 수 있다 he said. 고 그는 말한다

Translated into Korean

U형 가옥에서 서너 개 방은 다양한 폭넓은 종류의 음료수 유자차와 전통 차에서부터 칵테일, 와인에 이르기 까지 방문객이 즐길 수 있도록 만들었다. 손님들은 들어올 때 신발을 벗고 마루에 앉도록 규정되어 있지만 때때로 서늘하고 더움이 있는 이 장소는 그 지역에서 주요한 만남의 장소 중에 하나가 되었다. 지금은 이곳이 이 지역의 가장 오래된 카페 중에 하나다. 이곳에는 새로운 가게가 문을 열고 너무 빨리 문을 닫는다.

　한옥의 가장 멋있는 점은 한옥은 그 안에서 살고 있는 사람과 더불어 늙어 간다는 것이다. 나무는 호흡을 한다. 즉, 이것은 겨울에 줄어들고 여름에는 늘어난다. 사람들은 방안에서 아주 약한 미풍을 느낄 수 있다" 고 그는 말한다.

Article ⌄

In the U-shaped housing, three or four rooms are dedicated for the visitors to enjoy a wide range of beverages, from Yuja mojito and traditional tea to cocktails and wine. Though the guests are required to take off their shoes and sit on the floor, sometimes bearing the chills and sometimes the heat, the place has become one of the main spots in the area. It is now one of the longest-standing cafes in the district, where new stores open and shut down fairly quickly.

"The great thing about hanok is that they grow old with the people living in it. The wood breathes: It shrinks in the winter and expands in the summer. People can feel the slightest breeze in the room," he said.

★ 단어와 숙어

shaped 모양의
dedicated 전용의, 몰두하고 있는
shrink 축소하다, 줄어들다, 움츠러들다

expand 확대하다, 퍼지다
breeze 산들바람, 바람이 불다

Explanation

In the U-shaped housing, three or four rooms are dedicated for the visitors to enjoy a wide range of beverages, from Yuja mojito and traditional tea to cocktails and wine. Though the guests are required to take off their shoes and sit on the floor, sometimes bearing the chills and sometimes the heat, the place has become one of the main spots in the area. It is now one of the longest-standing cafes in the district, where new stores open and shut down fairly quickly

- **in the U-shaped housing** U 자 형태의 집에서
- **be dedicated for visitor** 손님을 위해 제공된다
- **be dedicated for the visitors to enjoy a wide range of beverages** 손님들이 다양한 종류의 음료수를 즐기도록 (room 이) 제공된다.
- **In the U-shaped housing, three or four rooms are dedicated for the visitors to enjoy a wide range of beverages, from Yuja mojito and traditional tea to cocktails and wine.** U–자 형 주택에서는 3개나 4개의 방은 손님들이 다양한 음료수 유자차와 전통적 차에서 칵테일에 이르기 까지 즐길 수 있도록 제공 된다

"The great thing about hanok is that they grow old with the people living in it. The wood breathes: It shrinks in the winter and expands in the summer. People can feel the slightest breeze in the room," he said.

- **The great thing about Hanok** 한옥에 있어서 멋있는 것은
- **They grow old with the people living in it. (it은 한옥) They는 Hanok** 을 가리킨다.
- 한옥들은 그 안에서 살고 있는 사람들과 같이 늙어간다.
- **People can feel the slightest breeze in the room.** 가장 소소한 미풍도 느낄 수 있다.

Bilingual Reading ☑

"Also it is a very open space: 이곳은 역시 확 트인 공간이다 Unlike Western or even Japanese housing 서구식 또는 일본의 가옥과는 달리 where a corridor, living room or kitchen links the other rooms, 복도, 거실 부엌이 다른 방들과 같이 붙어 있는 in hanok 한옥에서는 once you open your door, 일단 당신이 문만 열면 you just face the garden, the outdoors. 당신은 정원을 마주하고 밖에 있는 문들을 마주한다 It gives a great sense of emancipation to the soul," 이것은 영혼의 해방감을 준다 he added. 라고 그는 덧붙였다 "And for that, 그것 때문에 hanok 한옥은 has become timeless and trend-free, 시대를 초월하게 되었고 트렌드에 자유스럽게 되었다 which makes it even more attractive now," 이것은 한옥을 심지어 더욱 매력적으로 만드는 것이다 he said. 라고 그는 말했다

Translated into Korean

"이곳은 역시 확 트인 공간이다. 복도, 거실 부엌이 다른 방들과 같이 붙어 있는 서구식 또는 일본의 가옥과는 달리 한옥에서는 일단 당신이 문만 열면 당신은 정원을 마주하고 밖에 있는 문들을 마주한다. 이것은 영혼의 해방감을 준다." 라고 그는 덧붙였다. "그것 때문에 한옥은 시대를 초월하게 되었고 트렌드에 자유스럽게 되었다. 이것은 한옥을 심지어 더욱 매력적으로 만드는 것이다."라고 그는 말했다.

Article ⌄

"Also it is a very open space: Unlike Western or even Japanese housing where a corridor, living room or kitchen links the other rooms, in hanok once you open your door, you just face the garden, the outdoors. It gives a great sense of emancipation to the soul," he added. "And for that, hanok has become timeless and trend-free, which makes it even more attractive now," he said.

★ 단어와 숙어

unlike ~와 같지 않게.. ~와 닮지 않은
corridor 복도
emancipation 해방

timeless 시대를 초월한. 영원한. 특별한
attractive 매력적인

Explanation ⌄

"Also it is a very open space: Unlike Western or even Japanese housing where a corridor, living room or kitchen links the other rooms, in hanok once you open your door, you just face the garden, the outdoors. It gives a great sense of emancipation to the soul," he added. "And for that, hanok has become timeless and trend-free, which makes it even more attractive now," he said.

✸ **a great sense of emancipation to soul** 영혼에 큰 해방감을 주다

✸ **hanok has become timeless** 한옥은 시간을 초월했다.

✸ **trend-free** 유행에 자유롭고

✸ **which makes it even more attractive now.** 이것은 한옥을 더욱 매력적으로 만든다.

Bilingual Reading ☑

Adding industrial value to traditio 전통에 산업적 가치관을 더하다

The government is keen to revive the hanok boom, 정부는 한옥 붐을 일으키려고 노력하고 declaring it as the basis of the national identity. 한옥을 국가의 정체성이라고 언급했다

The Seoul Metropolitan Government in 2008 2008년도 서울 특별시는 announced a set of plans to conserve or develop 보존하거나 개발할 일련의 계획을 발표했다 a total of 4,500 hanok 총합계 4천5백개 한옥을 in the capital city by 2018 by creating "hanok villages." 한옥 빌리지를 조성함으로써 이 수도 도시에 The authorities 서울시 당국은 are also subsidizing 역시 보조금을 준다 the construction or repair of hanok in Bukchon, 이 건설 또는 북촌에 한옥 수리를 하는데에 one of the most popular hanok-clustered neighborhoods in central Seoul. 이곳은 서울 중부에 있는 가장 인기 있는 한옥이 밀집되어 있는 동네 중의 하나다 "Encouraging hanok 한옥을 장려하는 것은 is rediscovering our traditional culture 우리의 전통문화를 재발견 하는 것이고 and adding industrial value to it," 이 한옥의 산업적 가치를 더하는 일이다 said Shin Dong-kwon, an Seoul City official. 신동권 서울시 관리가 말했다

Translated into Korean

전통에 산업적 가치관을 더하다

정부는 한옥 붐을 일으키려고 노력하고 한옥을 국가의 정체성이라고 언급했다.

2008년도 서울 특별시는 한옥 빌리지를 조성함으로써 이 수도 도시에 총합계 4천5백개 한옥을 보존하거나 개발할 일련의 계획을 발표했다. 서울시 당국은 역시 이 건설 또는 북촌에 한옥 수리를 하는 데에 보조금을 주고 있으며 이곳은 서울 중부에 있는 가장 인기 있는 한옥이 밀집되어 있는 동네 중의 하나다. 신동권 서울시 관리가 말했다.

"한옥을 장려하는 것은 우리의 전통문화를 재발견 하는 것이고 이 한옥의 산업적 가치를 더하는 일이다"라고 서울시청직원 신동권 씨가 말했다.

Article ⌄

Adding industrial value to tradition

The government is keen to revive the hanok boom, declaring it as the basis of the national identity.

The Seoul Metropolitan Government in 2008 announced a set of plans to conserve or develop a total of 4,500 hanok in the capital city by 2018 by creating "hanok villages." The authorities are also subsidizing the construction or repair of hanok in Bukchon, one of the most popular hanok-clustered neighborhoods in central Seoul. "Encouraging hanok is rediscovering our traditional culture and adding industrial value to it," said Shin Dong-kwon, an Seoul City official.

★ 단어와 숙어

keen 몹시 하고 싶어하는, 신랄한, 매서운, 격렬한, 예민한, 민감한
declare 선언하다, 말하다, 나타내다
identity 정체성
The Seoul Metropolitan Government 서울 특별시
announce 발표하다, 밝히다, 공표하다, 알리다
conserve 보호하다

develop 개발하다
authority 행정 당국
subsidizing 보조하다, 장려하다
construction 건설
repair 수리, 재선
cluster 모이다, 단지
encourage 촉진하다, 장려하다

Explanation ⌄

Adding industrial value to tradition

The government is keen to revive the hanok boom, declaring it as the basis of the national identity.

* **to be keen to** 몹시 ~ 하기를 희망하다(to be keen to+원형동사)
* 정부는 한옥 붐을 부활 시키려 노력하고 있고 이것을 국가 정체성의 바탕이라 언급했다.

The Seoul Metropolitan Government in 2008 announced a set of plans to conserve or develop a total of 4,500 hanok in the capital city by 2018 by creating "hanok villages." The authorities are also subsidizing the construction or repair of hanok in Bukchon, one of the most popular hanok-clustered neighborhoods in central Seoul. "Encouraging hanok is rediscovering our traditional culture and adding industrial value to it," said Shin Dong-kwon, an Seoul City official.

* **conserve** ~을 보존하다 **develop** ~을 개발하다
* **create hanok villages** 한옥 마을을 조성하다
* 서울 시청은 2018년 까지 수도에서 한옥 마을을 조성 함으로서 한옥 총 4,500 체를 보존 또는 개발할 계획 임을 밝혔다.

Bilingual Reading ⌄

One thing that deters people from seeking hanok 사람들을 한옥 찾는데 머뭇거리게 하는 한가지 일은 is the price, 가격이다 which has skyrocketed in recent years 그것은 최근 몇 년 동안에 폭등했다 as they became fashionable. 한옥이 유행이 되었을 때 According to a realtor in Tongui-dong and Bukchon areas in Seoul, 서울에 있는 통의동 북촌지역에 한 부동산의 이야기에 의하면 an average hanok less than 99 square meters (30 pyeong) large 99제곱미터(30평) 안 되는 한옥이 is priced at 1.5 billion won-2 billion won ($1.3 million-$1.8 million). 15억에서 20억 가격이 매겨진다(130만 달러에서 180만 달러) "But demand exceeds supply 그러나 수요는 공급을 넘어서고 and transactions don't take place so often," 거래는 그렇게 자주 이루어지지 않는다 he said. 라고 그는 이야기 했다

The cost of building one also massive. 집 한 채를 짓는 가격은 역시 엄청나다 "It takes 들어간다 around 15 million won per pyeong (3.3 square meters) 평 당(3.3m²) 약1500만원 정도가 to build a modest hanok, 그저 수수한 한옥을 짓는데 with experienced carpenters and workers," 경험 있는 목수 근로자를 데리고 said Kim Kyong-soo. 라고 김경수 씨는 말했다 Industry insiders say 이 산업계 인사들은 말한다 building a decent or a high-level building 멋있고 고급 주택을 짓는데 could easily cost more than 40 million won. 쉽게 4천만원 이상이 든다고

The high cost of building hanok 한옥을 짓는 비싼 가격이 has encouraged people to take the "Do It Yourself" approach 사람들로 하여금 DIY방법을 채택하게끔 격려하고 or adopt mass production. 아니면 대량생산을 채택하게끔 만들었다.

Translated into Korean ⌄

사람들을 한옥 찾는데 머뭇거리게 하는 한가지 일은 가격이다. 그것은 한옥이 유행이 되었을 때 최근 몇 년 동안에 폭등했다. 서울에 있는 통의동 북촌지역에 한 부동산의 이야기에 의하면 99제곱미터(30평) 안 되는 한옥이 15억에서 20억 가격이 매겨진다. (130만 달러에서 180만 달러) 그러나 수요는 공급을 넘어서고 거래는 그렇게 자주 이루어지지 않는다" 라고 그는 이야기 했다.

집 한 채를 짓는 가격은 역시 엄청나다. "평 당(3.3m^2) 약1500만원 정도가 경험 있는 목수 근로자를 데리고 그저 수수한 한옥을 짓는데 들어간다." 라고 김경수 씨는 말했다. 이 산업계 인사들은 멋있고 고급 주택을 짓는 데는 쉽게 4천만원 이상이 든다 고 말한다.

한옥을 짓는 비싼 가격이 사람들로 하여금 DIY방법을 채택하게끔 격려하고 아니면 대량생산을 채택하게끔 만들었다.

PART 3

Article ∨

One thing that deters people from seeking hanok is the price, which has skyrocketed in recent years as they became fashionable. According to a realtor in Tongui-dong and Bukchon areas in Seoul, an average hanok less than 99 square meters (30 pyeong) large is priced at 1.5 billion won-2 billion won ($1.3 million-$1.8 million). "But demand exceeds supply and transactions don't take place so often," he said.

The cost of building one also massive. "It takes around 15 million won per pyeong (3.3 square meters) to build a modest hanok, with experienced carpenters and workers," said Kim Kyong-soo. Industry insiders say building a decent or a high-level building could easily cost more than 40 million won.

The high cost of building hanok has encouraged people to take the "Do It Yourself" approach or adopt mass production.

Explanation ⌄

One thing that deters people from seeking hanok is the price, which has skyrocketed in recent years as they became fashionable. According to a realtor in Tongui-dong and Bukchon areas in Seoul, an average hanok less than 99 square meters (30 pyeong) large is priced at 1.5 billion won-2 billion won ($1.3 million-$1.8 million). "But demand exceeds supply and transactions don't take place so often," he said.

❋ **deter people from doing something** ~을 하지 못하도록 막다

❋ 사람들이 한옥을 찾지 못하게 하는 한가지는 가격이고 한옥이 유행이 되자 최근 몇 년 사이에 급등 했다.

- -

But demand exceeds supply and transactions don't take place so often.

❋ **exceed** ~ 보다 많다, **transactions** 거래, **take place** 발생하다
수요가 공급보다 많고 거래도 자주 일어나지 않는다

❋ **an average hanok less than 99 square meters (30 pyeong) large is priced at 1.5 billion-2 billion won.** 크기 30평 미만의 평균 한옥은 가격이 15억~20억이다.

- -

The cost of building one also massive. "It takes around 15 million won per pyeong (3.3 square meters) to build a modest hanok, with experienced carpenters and workers," said Kim Kyong-soo. Industry insiders say building a decent or a high-level building could easily cost more than 40 million won.

❋ 꽤 좋은 (제대로 된) 건물이나 고층 건물을 지으려면 쉽게 4억원 이상이 든다고 업계에서 말하고 있다.

❋ **industry insiders** 업계 내부자들은

Bilingual Reading ⌄

Kim 김은 runs Damooljangwon, 다물장원을 운영하고 있다 a training center for people who wish to build their own hanok. 한옥을 직접 짓기를 희망하는 사람들을 위한 훈련 센터이다 Kim believes 김씨는 믿고 있다 that by making a few adjustments 몇 가지의 조정만 하면 people can easily build their own houses at a lower cost. 사람들이 쉽게 더 적은 가격으로 자신의 집을 지을 수 있다고

"Standardizing the process 규격절차 -— people 즉 사람들은 can use factory-produced pre-cut wood, metal frames and others and assemble them at the spot 공장에서 생산한 사전에 깎아 놓은 나무 그리고 철 후레임 또 다른 것들을 이용해서 그 장소에 조립하는 일 -— can reduce the construction period to about 10-21 days 이것은 건축 기간을 10일에서 20일로 단축시킬 수 있고 and cut the price to around 5 million won per pyeong," 가격을 약 5백만 선으로 깎을 수 있다 Kim said. 고 김은 말했다

"I don't think 나는 생각하지 않는다 hanok has to stick to the conventional and traditional ways. 한옥이 재래식이나 전통식 방법을 고수해야 된다고는 It could live with the current generation 이것은 현대 세대들과 같이 살수 있다 by readjusting a few processes 몇 가지를 절차를 조정함으로써 and I don't think 그렇게 한다 하더라도 나는 생각하지 않는다 that even hurts the authenticity of hanok," 그것은 심지어는 한옥의 권위를 헤치리라고 he added. 그는 언급했다

Translated into Korean

김은 한옥을 직접 짓기를 희망하는 사람들을 위한 훈련 센터 다물장원을 운영하고 있다. 김씨는 몇 가지의 조정만 하면 사람들이 쉽게 더 적은 가격으로 자신의 집을 지을 수 있다고 믿고 있다.

"규격절차—즉 사람들은 공장에서 생산한 사전에 깎아 놓은 나무 그리고 철 후레임 또 다른 것들을 이용해서 그 장소에 조립하는 일—이것은 건축기간을 10일에서 20일로 단축시킬 수 있고 가격을 약 5백만 선으로 깎을 수 있다"고 김은 말했다.

"나는 한옥이 재래식이나 전통식 방법을 고수해야 된다고는 생각하지 않는다. 이것은 몇 가지를 절차를 조정함으로써 현대 세대들과 같이 살수 있다. 그렇게 한다 하더라도 나는 그것은 심지어는 한옥의 권위를 헤치리라고 생각하지 않는다"고 그는 언급했다.

PART 3

Article

Kim runs Damooljangwon, a training center for people who wish to build their own hanok. Kim believes that by making a few adjustments people can easily build their own houses at a lower cost.

"Standardizing the process -— people can use factory-produced pre-cut wood, metal frames and others and assemble them at the spot -— can reduce the construction period to about 10-21 days and cut the price to around 5 million won per pyeong," Kim said.

"I don't think hanok has to stick to the conventional and traditional ways. It could live with the current generation by readjusting a few processes and I don't think that even hurts the authenticity of hanok," he added.

★ 단어와 숙어

standardizing 표준화	**spot** 장소
process 과정, 절차	**stick** 달라붙다, 고수하다, 집착하다
factory-produced 공장에서 생산된	**conventional** 틀에 박힌, 관습의, 진부한
metal frames 철판	**readjust** 재정리하다, 다시 일으키다
assemble 조립하다	**authenticity** 확실성, 신뢰성, 신빙성, 진짜임

Explanation ⌄

Kim runs Damooljangwon, a training center for people who wish to build their own hanok. Kim believes that by making a few adjustments people can easily build their own houses at a lower cost.

- **make adjustments** 조정하다
- 그는 어는 정도 조정만 하면 더 싼 가격으로 자신의 집을 쉽게 지을 수 있다고 믿고 있다.

"Standardizing the process — people can use factory-produced pre-cut wood, metal frames and others and assemble them at the spot — can reduce the construction period to about 10-21 days and cut the price to around 5 million won per pyeong," Kim said.

- **standard process** 건축 절차를 표준화 하다 **factory-produced pre-cut wood, metal frames** ～공장에서 생산된 미리 깎은 나무, 철판 **assemble them at the spot** 건설현장(장소)에서 조립하다
- 위 **paragraph**(문장)의 주어는 **standardizing the process**이고 동사는 **~ can reduce** 임

"I don't think hanok has to stick to the conventional and traditional ways. It could live with the current generation by readjusting a few processes and I don't think that even hurts the authenticity of hanok," he added.

- **stick to** ～에 집착하다, 고수하다
- **I don't think hanok has to stick to the conventional and traditional ways.** 나는 한옥은 재래식 그리고 전통적 방법에 집착해야 된다고는 생각하지 않는다.
- **live with** 함께 살다, (상황 등을) 받아들이다
- **It could live with the current generation.** 이것은 현대 세대와 같이 해야 한다.

Bilingual Reading

Not a fantasy, but reality 환상이 아니고 현실

People who actually living in hanok 한옥에서 실제적으로 살고 있는 사람들은 warn against fantasizing about hanok living. 한옥 생활에 환상을 갖지 말라고 타이른다

The most common complaint 가장 일반적인 불만은 is the chill. 춥다는 것이다 "In winter the wood shrinks 겨울에는 나무들이 줄어들어 and there's a gap between the walls and the wooden frames and shafts 벽과 나무로 된 후레임과 창살 사이에 틈이 생겨서 where the cold air rushes in all the time. 항상 찬 공기가 스며든다 Cold is something we have to bear 추위는 우리들이 참아야 하고 and live with," 살아가야 할 그런 것들이다 Rhee In-sik said. 라고 이인식 씨는 말했다

A hanok is a high-maintenance building. 한옥은 많은 관리를 요하는 건물이다 The wooden lattice 나무로 된 격자는 invites dust, 먼지를 끌어들이고 while every nook and cranny needs regular examination and repair. 한편 구석구석은 정규적인 점검과 수리를 필요로 한다

환상이 아닌 현실

한옥에서 실제적으로 살고 있는 사람들은 한옥 생활에 환상을 갖지 말라고 타이른다.

　가장 일반적인 불만은 춥다는 것이다. "겨울에는 나무들이 줄어들어 벽과 나무로 된 후레임과 창살 사이에 틈이 생겨서 항상 찬 공기가 스며든다. 추위는 우리들이 참아야 하고 같이 살아가야 할 그런 것들이다."라고 이인식 씨는 말했다.

　한옥은 많은 관리를 요하는 건물이다. 나무로 된 격자는 먼지를 끌어들이고 한편 구석구석은 정규적인 점검과 수리를 필요로 한다.

Article ⌄

Not a fantasy, but reality

People who actually living in hanok warn against fantasizing about hanok living.

The most common complaint is the chill. "In winter the wood shrinks and there's a gap between the walls and the wooden frames and shafts where the cold air rushes in all the time. Cold is something we have to bear and live with," Rhee In-sik said.

A hanok is a high-maintenance building. The wooden lattice invites dust, while every nook and cranny needs regular examination and repair

★ 단어와 숙어

fantasy 공상, 상상
reality 현실, 진실
actually 실제로, 정말로
complaint 불만, 불편
chill 냉기, 차가운
shrink 오므라들다, 축소하다
shaft 굴대, 축
rush 몰려들다

bear 참다, 견디다
maintenance 유지, 정비, 관리
lattice 격자
nook 구석, 벽지
cranny 갈라진 틈, 구석
pillar 기둥
insect 벌레

Explanation ⌄

Not a fantasy, but reality

❈ **fantasy** (터무니 없는 공상), **reality** 현실

People who actually living in hanok warn against fantasizing about hanok living.

❈ **warn agasinst** ～에 대해 경고하다, ～ 대해 주의시키다
❈ 실제로 한옥에서 살고 있는 사람들은 한옥에서의 생활에 대해 환상은 갖지 말라고 주의시킨다.

The most common complaint is the chill. "In winter the wood shrinks and there's a gap between the walls and the wooden frames and shafts where the cold air rushes in all the time. Cold is something we have to bear and live with," Rhee In-sik said.

❈ **gap** 틈 **walls and the wooden frames and shafts** 벽, 나무 프레임 그리고 나무 살
❈ **where the cold air rushes in all the time.** 그 곳에서 찬 공기가 항상 들어온다.

A hanok is a high-maintenance building. The wooden lattice invites dust, while every nook and cranny needs regular examination and repair.

❈ **high-maintenance building** 보수를 항상 해야 하는 건물
❈ **wooden lattice** 나무 격자 창, **invite dust** (invite~ 위험 등을 가져오다) 먼지가 들어오다
❈ **nook and cranny** 구석 구석
❈ **while every nook and cranny needs regular examination and repair.** 한편 모든 구석 구석은 정규적으로 검사를 해야 하고 수리도 해야 한다.

Bilingual Reading ⌄

"We have ants that bite up the wooden pillars 우리들은 나무기둥 위를 갈아먹는 개미들이 있고 while all kinds of insects come and go all the time. 한편 모든 종류의 곤충들이 들어왔다 나간다 Also, a hanok doesn't really have that much room for storage 역시 한옥은 물건을 저장할 수 있는 공간을 갖지 못하고 so we had to leave many things behind when we moved here," 그래서 우리들은 이곳에 이사올 때 많은 물건을 뒤에 남겨두지 않을 수 없었다 Park Hyun-sook said. 고 박현숙은 말했다

Rhee said 리는 말했다 people need to understand their lifestyle first 사람들이 그들의 생활스타일을 먼저 이해할 필요성이 있고 and contemplate whether it fits with what a hanok can offer. 생활스타일이 한옥이 제공해줄 수 있는 것과 맞을 수가 있는가를 깊이 생각할 필요성이 있다고

"For example, 예를 들자면 a hanok 한옥은 cannot guarantee a large regular rectangular room 큰 사각형 방을 항상 보장할 수는 없다 like that of a Western building. 서양 주택과 같은 It doesn't really go with a sofa and much other modern furniture, either. 한옥은 소파와 또는 많은 다른 현대 가구와는 역시 어울리지 않는다 Because it has no corridor, 한옥은 복도가 없기 때문에 people will have to get out of the building to go to different rooms 사람들이 다른 방으로 가기 위해서는 건물 밖으로 나기지 않으면 안될 것이고 or have to pass through a series of rooms in order to get from one spot to another. 한 장소에서 다른 장소에 가기 위해서 다른 방을 통과하지 않으면 안될 것이다 If such conditions do not suit you, 만약에 그와 같은 조건이 당신에게 맞지 않으면 hanok is not your optimal choice," 한옥은 당신에 적합한 성격은 아니다 he said. 라고 그는 말했다

Translated into Korean

"우리들은 나무기둥 위를 갉아먹는 개미들이 있고 한편 모든 종류의 곤충들이 들어왔다 나간다. 역시 한옥은 물건을 저장할 수 있는 공간을 갖지 못하고 그래서 우리들은 이곳에 이사올 때 많은 물건을 뒤에 남겨두지 않을 수 없었다"고 박현숙은 말했다.

리는 사람들이 그들의 생활스타일을 먼저 이해할 필요성이 있고 생활스타일이 한옥이 제공해줄 수 있는 것과 맞을 수가 있는가를 깊이 생각할 필요성이 있다 라고 말했다.

"예를 들자면 한옥은 서양 주택과 같은 큰 사각형 방을 항상 보장할 수는 없다. 한옥은 소파와 또는 많은 다른 현대 가구와는 역시 어울리지 않는다. 한옥은 복도가 없기 때문에 사람들이 다른 방으로 가기 위해서는 건물 밖으로 나기지 않으면 안될 것이고 한 장소에서 다른 장소에 가기 위해서 다른 방을 통과하지 않으면 안될 것이다. 만약에 그와 같은 조건이 당신에게 맞지 않으면 한옥은 당신에 적합한 성격은 아니다"라고 그는 말했다.

PART 3

Article ⌄

"We have ants that bite up the wooden pillars while all kinds of insects come and go all the time. Also, a hanok doesn't really have that much room for storage so we had to leave many things behind when we moved here," Park Hyun-sook said.

Rhee said people need to understand their lifestyle first and contemplate whether it fits with what a hanok can offer.

"For example, a hanok cannot guarantee a large regular rectangular room like that of a Western building. It doesn't really go with a sofa and much other modern furniture, either. Because it has no corridor, people will have to get out of the building to go to different rooms or have to pass through a series of rooms in order to get from one spot to another. If such conditions do not suit you, hanok is not your optimal choice," he said.

★ 단어와 숙어

contemplate 고려하다, 계획하다, 심사 숙고하다
guarantee 보증하다, 약속하다, 장담
rectangular 직사각형의
corridor 복도

suit 맞추다, 어울리다
optimal 최선의, 가장 바람직한

Explanation ⌄

"We have ants that bite up the wooden pillars while all kinds of insects come and go all the time. Also, a hanok doesn't really have that much room for storage so we had to leave many things behind when we moved here," Park Hyun-sook said.

❋ 한옥은 물건을 저장 할 수 있는 공간이 많지 않다. 그래서 우리들이 이곳으로 이사올 때 많은 물건을 뒤에 남겨 두고 왔다.

❋ **room for storage** 물건을 저장해야 할 공간

Rhee said people need to understand their lifestyle first and contemplate whether it fits with what a hanok can offer.

❋ **contemplate** …을 신중히 생각하다 **something fits with something else ~** 어떤 것이 다른 것과 맞다

❋ 그는 사람들이 그들의 생활 스타일을 먼저 이해 해야 하고 또 그것이 한옥이 제공해주는 것과 맞는지도 신중히 생각해야 한다고 말했다.

"For example, a hanok cannot guarantee a large regular rectangular room like that of a Western building. It doesn't really go with a sofa and much other modern furniture, either. Because it has no corridor, people will have to get out of the building to go to different rooms or have to pass through a series of rooms in order to get from one spot to another. If such conditions do not suit you, hanok is not your optimal choice," he said.

❋ **go with** ~과 어울리다 **either**은 한 문장 내에 부정문이 2개가 올 때 두 번째 부정문 다음에는 **either**을 쓴다.

❋ **It doesn't really go with a sofa and much other modern furniture.** (it은 한옥을 말한다) 한옥은 사실 소파와도 어울리지 않고 많은 다른 가구하고도 어울리지 않는다.

Bilingual Reading

But still, once you live in a hanok, 하지만 당신이 일단 한옥에 살게 되면 it seems that you cannot have enough of it. 당신은 이 모든 것을 충분히 가질 수가 없는 것 같다

"I have become sensitive to the change of season, 나는 계절 변화에 대해서 민감하게 되었다 the change of wind 또 바람의 변화 and the sunlight 햇빛의 변화 and humidity. 그리고 습기의 변화에 Yes, there are some setbacks, 단점도 있다 but I have come to love nature more in a more relaxed and peaceful way. 그러나 나는 더욱 느긋하고 평화스러운 방법으로 자연을 더 사랑하게 되었다 That's something that you can't find often these days," 그것이 당신이 근래에 자주 찾아볼 수 없는 것이다 Rhee said. 라고 이는 말했다

Translated into Korean

하지만 당신이 일단 한옥에 살게 되면 당신은 이 모든 것을 충분히 가질 수가 없는 것 같다.

"나는 계절의 변화에 대해서 또 바람의 변화, 습기의 변화, 햇빛의 변화에 대해서 민감하게 되었다. 단점도 있다. 그러나 나는 더욱 느긋하고 평화스러운 방법으로 자연을 더 사랑하게 되었다. 그것이 당신이 근래에 자주 찾아볼 수 없는 것이다" 라고 이는 말했다.

Article ⌄

But still, once you live in a hanok, it seems that you cannot have enough of it.

"I have become sensitive to the change of season, the change of wind and the sunlight and humidity. Yes, there are some setbacks, but I have come to love nature more in a more relaxed and peaceful way. That's something that you can't find often these days," Rhee said.

★ 단어와 숙어

humidity 습기
setback 좌절, 실패, 역행

relaxed 편안한, 완화된, 관대한, 느긋한

Explanation ⌄

But still, once you live in a hanok, it seems that you cannot have enough of it.

✷ **cannot have enough of something** 〜에 대해 물리지 않다.

✷ 하지만 일단 한옥에 살아보면 한옥생활에 물리지 않는 것 같다.

- -

"I have become sensitive to the change of season, the change of wind and the sunlight and humidity. Yes, there are some setbacks, but I have come to love nature more in a more relaxed and peaceful way. That's something that you can't find often these days," Rhee said.

✷ **become sensitive to** 〜에 민감하다

✷ **"I have become sensitive to the change of season, the change of wind and sunlight and humidity.** 나는 계절, 바람, 햇빛 습기의 변화에 민감해졌다.

The Korea Herald

Passengers enjoy the view from the V-train.
관광객들이 협곡 열차에서 바깥 경치를 즐기고 있다.

Kim Myung-sub/The Korea Herald

The Korea Herald

It's the journey that matters

여행은 중요한 것이다

Tourist trains showcase beauty of rural Korea

Published : 2013-04-19 21:16
By **Bae Hyun-jung** (tellme@heraldcorp.com)

Bilingual Reading

To Koreans, 한국사람에게 Baekdu-daegan, 백두대간 nicknamed the "spine of the Korean Peninsula," 한반도의 척추라는 별명인 is not just a chain of mountains running across the country. 이 나라를 가로지르는 산맥일 뿐만이 아니다 It is also a symbol of the peninsula's history, culture and scenery. 이것은 역시 한반도 역사 문화 경치에 상징이다

In the early 20th century, 20세기 초에 the mountain range and the surrounding regions 산악지대 둘러싸인 이 지역은 not only offered splendid landscapes 찬란한 경치를 제공해주었을 뿐만 아니라 but also supported the nation's economic growth, 이 나라의 경제 성장을 뒷바침 했다 with its rich volume of natural resources. 자연자원이 풍부한 양의 지하자원을 가지고

Translated into Korean

한국사람에게 한반도의 척추라는 별명인 백두대간은 이 나라를 가로지르는 산맥일 뿐만이 아니다. 이것은 역시 한반도 역사 문화 경치에 상징이다.

20세기 초에 산악지대 둘러싸인 이 지역은 찬란한 경치를 제공해주었을 뿐만 아니라 자연자원이 풍부한 지하자원을 가지고 이 나라의 경제 성장을 뒷바침 했다.

Article ⌄

To Koreans, Baekdu-daegan, nicknamed the "spine of the Korean Peninsula," is not just a chain of mountains running across the country. It is also a symbol of the peninsula's history, culture and scenery.

In the early 20th century, the mountain range and the surrounding regions not only offered splendid landscapes but also supported the nation's economic growth, with its rich volume of natural resources.

★ 단어와 숙어

journey 여행, 여정, 여행하다	**peninsula** 반도
matter 중요한 것, 중요하다, 문제, 사건	**across** 가로질러서, 걸쳐서, 전역에서
rural 시골의, 지방	**symbol** 상징
nickname 별명, 명칭	**scenery** 경치, 풍경
spine 척추, 등뼈, 가시	**the mountain range** 산맥

Explanation

To Koreans, Baekdu-daegan, nicknamed the "spine of the Korean Peninsula," is not just a chain of mountains running across the country. It is also a symbol of the peninsula's history, culture and scenery.

- **nickname** 애칭으로 부르다 Baekidu-daegan, nicknamed the "spine of the Korean Peninsula ☞ baekdu-daegan which is nicknamed "spine of the Korean Peninsula" (관계대명사) **'which is'** 가 생략되고 대신 **nicknamed** 로 되었음
- **a chain of mountains** 산맥
- **is not just a chain of mountains** 단순한 산맥이 아니다.
- **It is also symbol** 이것은 상징이기도 하다.

In the early 20th century, the mountain range and the surrounding regions not only offered splendid landscapes but also supported the nation's economic growth, with its rich volume of natural resources.

- **the mountain range and the surrounding regions** 그 산맥과 그 산맥에 둘러싸인 지역
- **supported the nation's economic growth, with its rich volume of natural resources.**
- **support** ～로 지탱하다, 버티다
- **with its rich volume of natural resources** 이 지역의 풍부한 지하자원을 가지고

Bilingual Reading ⌄

However, 하지만 with the decline of the timber and coal industries over the years, 원목과 수년에 걸쳐서 연탄 산업이 쇠퇴함으로써 the area faded from the public's attention. 이 지역은 일반인들의 관심에서 서서히 사라져 버렸다 Only the decades-long industrial railroad 단지 수십 년에 걸친 산업 열차가 remained as testament to its past glory. 이 지역의 과거 영광을 말해주는 한 증언으로서 남아있다

It was here 이것이 이유다 that KORAIL decided to introduce tourist trains, 코레일이 관광열차를 도입하기로 했고 specially developed to explore the mountainous and rural areas. 특히 이 산악과 농촌지역을 탐구하기로 결정한

The state-run rail operator last week 국영 철도 사업자는 지난 주일에 launched the "V-train," an exclusive sightseeing train that passes through the valleys of Baekdu-daegan, 백두대간 계곡을 가로 지르는 독점적인 관광열차 V-트레인을 시작했고 shuttling from Cheoram, Gangwon Province, to Buncheon, North Gyeongsang Province. 강원도 철암에서 경상북도 분천까지 왕복한다

KORAIL also began service of the "O-train," 코레일은 역시 O-트레인 서비스도 시작했다 which loops around the mountainous regions 그것은 산악지대를 둘러서 and connects the country's three major railways 이 지역의 세 개 주요한 철도를 연결한다 — the Joongang Line, 중앙선 the Taebaek line 태백선 and the Yeongdong line. 영동선을

Translated into Korean

하지만 원목과 수년에 걸쳐서 연탄 산업이 쇠퇴함으로써 이 지역은 일반인들의 관심에서 서서히 사라져 버렸다. 단지 수십 년에 걸친 산업 열차가 이 지역의 과거 영광을 말해주는 한 증언으로서 남아있다.

이것이 코레일이 관광열차를 도입하기로 했고 특히 이 산악과 농촌 지역을 탐구하기로 결정한 이유다.

국영 철도 사업자는 지난 주일에 백두대간 계곡을 가로 지르는 독점적인 관광열차 V−트레인을 시작했고 강원도 철암에서 경상북도 분천까지 왕복한다.

코레일은 역시 O−트레인 서비스도 시작했다. 그것은 산악지대를 둘러서 이 지역의 세 개 주요한 철도 중앙선, 태백선, 영동선을 연결한다.

Article ⌄

However, with the decline of the timber and coal industries over the years, the area faded from the public's attention. Only the decades-long industrial railroad remained as testament to its past glory.

It was here that KORAIL decided to introduce tourist trains, specially developed to explore the mountainous and rural areas.

The state-run rail operator last week launched the "V-train," an exclusive sightseeing train that passes through the valleys of Baekdu-daegan, shuttling from Cheoram, Gangwon Province, to Buncheon, North Gyeongsang Province.

KORAIL also began service of the "O-train," which loops around the mountainous regions and connects the country's three major railways — the Joongang Line, the Taebaek line and the Yeongdong line.

★ 단어와 숙어

decline 감소하다, 줄다, 떨어지다	**explore** 탐험, 알아보다, 탐험하다, 답사하다
timber 목재, 재목	**rural** 지역, 지방, 시골
coal 석탄, 석탄을 공급하다	**state-run** 국영
fade 바래다, 희미해지다, 흐려지다	**operator** 사업자
attention 주의, 시선 집중	**launch** 시작하다
decade 10년간	**exclusive** 독점적인
railroad 철도	**sightseeing** 관광의, 관광용의
remain 여전히 ～이다, 남아있다	**shuttle** 왕복하다
testament 유언, 계약, 신약성서	**valley** 계곡, 협곡
glory 영광	**loop** 고리, 회로, 연결하는
tourist train 관광열차	**connect** 연결하는

Explanation

However, with the decline of the timber and coal industries over the years, the area faded from the public's attention. Only the decades-long industrial railroad remained as testament to its past glory.

- **with the decline of the timber and coal industries over the years** 수년 동안 걸쳐서 목재와 연탄 산업의 쇠태로 **fade from the public's attention** 대중의 관심에서 천천히 멀어져 갔다. → **fade from**
- **Only the decades-long industrial railroad remained as testament to its past glory; only the decades-long industrial railroad** 하지만 그 산업 철도만은 지난 수십 년 동안 이 지역의 지난 영광의 증언으로 남아있었다.

It was here that KORAIL decided to introduce tourist trains, specially developed to explore the mountainous and rural areas.

- **It was here that KORAIL decided to introduce tourist trains** ☞ **KORAIL decided to introduce tourist trains here.** 강조형

The state-run rail operator last week launched the "V-train," an exclusive sightseeing train that passes through the valleys of Baekdu-daegan, shuttling from Cheoram, Gangwon Province, to Buncheon, North Gyeongsang Province.
KORAIL also began service of the "O-train," which loops around the mountainous regions and connects the country's three major railways — the Joongang Line, the Taebaek line and the Yeongdong line.

- **Loop around the mountainous regions** 산악지역을 원을 그리며 돌다.

Bilingual Reading ⌄

"The deep gorges of the central inland region 중부 내륙의 깊은 협곡은 offer a unique sight, the true characterisitc of Korea's eastern provinces," said a KORAIL official. 한국 동부지역(여러 주들) 의 진정한 특징인 무엇과도 비길 바 없는 경치를 제공해 준다

"Because of the geographic location and the traffic inconvenience, 지리적 위치와 교통 불편 때문에 however, 하지만 its charms 이 지역의 매력은 were largely veiled to the public." 거의 다 일반대중들에게는 가려졌다

Visitors 방문객들은 are often discouraged by the curvy, unpaved roads 흔히 너무 굴곡이 많고 비포장도로 때문에 실망을 많이 한다 but on the V-train, 그러나 V-트레인을 타면 they can enjoy 이런 것들을 즐길 수 있다 the hidden mountain landscapes 그들은 숨겨진 산악의 경치 and the peaceful countryside, 평화스런 시골 as well as the tourist services provided by KORAIL, 또 코레일이 제공하는 여행객들의 서비스는 물론 the official added. 라고 직원이 말했다

In order to access the V-train, V-트레인을 이용하기 위해서는 visitors 관광객들은 are recommended to first take the O-train, 먼저 O-트레인을 탈 것을 추천 받는다 which connects Seoul and Jecheon, 그것은 서울과 제천을 연결하고 and then loops around Jecheon, Yeongju and Taebaek. 다음에 제천과 영주와 태백 주위를 한 바퀴 빙 돈다

Translated into Korean ⌄

"중부 내륙의 깊은 협곡은 한국 동부지역(여러 주들) 의 진정한 특징인 무엇과도 비길 바 없는 경치를 제공해 준다"고 코레일 직원이 말했다.

"지리적 위치와 교통 불편 때문에 하지만 이 지역의 매력은 거의 다 일반대중들에게는 가려졌다. 방문객들은 흔히 너무 굴곡이 많고 비포장도로 때문에 실망을 많이 한다. 그러나 V−트레인을 타면 그들은 숨겨진 산악의 경치, 평화스런 시골 또 코레일이 제공하는 여행객들의 서비스는 물론 이런 것들을 즐길 수 있다"고 직원이 말했다.

V−트레인을 이용하기 위해서는 관광객들은 먼저 O−트레인을 탈 것을 추천 받는다. 그것은 서울과 제천을 연결하고 다음에 제천과 영주와 태백 주위를 한 바퀴 빙 돈다.

Valley view from V-train
협곡 열차에서 바라본 능선의 경치

Article ⌄

"The deep gorges of the central inland region offer a unique sight, the true characteristic of Korea's eastern provinces," said a KORAIL official.

"Because of the geographic location and the traffic inconvenience, however, its charms were largely veiled to the public."

Visitors are often discouraged by the curvy, unpaved roads but on the V-train, they can enjoy the hidden mountain landscapes and the peaceful countryside, as well as the tourist services provided by KORAIL, the official added.

In order to access the V-train, visitors are recommended to first take the O-train, which connects Seoul and Jecheon, and then loops around Jecheon, Yeongju and Taebaek.

★ 단어와 숙어

deep 깊은 곳, 대양	**charm** 매력
gorge 골짜기, 협곡	**veiled** 가려진
inland 내륙의, 오지의	**discouraged** 낙담한, 의욕을 잃어버린
unique 독특한, 특별한, 고유의, 유일한	**curvy** 구불구불한, 굽은
characteristic 특징적인, 독특한	**unpaved** 포장되지 않은, 닦이지 않은
province 지방, 도	**hidden** 감춰진, 비밀의
official 공무원, 관리	**landscape** 광경, 경관
geographic 지리적	**countryside** 농촌지방, 교외, 시골
inconvenience 불편, 폐	**recommended** 권장된다, 추천된다

Explanation ⌄

"The deep gorges of the central inland region offer a unique sight, the true characteristic of Korea's eastern provinces," said a KORAIL official.

- ❋ **The deep gorges of the central inland region** 중부 내륙 지역의 깊은 협곡

"Because of the geographic location and the traffic inconvenience, however, its charms were largely veiled to the public."

- ❋ **its charms were largely veiled to the public**
- ❋ **veil** 베일로 가리다, **to be veiled to the public** 대중들에게 가려지다.
- ❋ 이 지역의 매력은 거의가 대중들에게 가려졌다.

Visitors are often discouraged by the curvy, unpaved roads but on the V-train, they can enjoy the hidden mountain landscapes and the peaceful countryside, as well as the tourist services provided by KORAIL, the official added.

- ❋ **the curvy, unpaid roads** 구불구불하고 포장되지 않은 도로, 비포장 도로
- ❋ **visitors are often discouraged by the curvy, unpaved roads** 관광객들은 흔히 이 구불구불한 비포장 도로에 실망한다

In order to access the V-train, visitors are recommended to first take the O-train, which connects Seoul and Jecheon, and then loops around Jecheon, Yeongju and Taebaek.

- ❋ **in order to access the V-train "V-train"** 을 이용하기 위해서
- ❋ **access** 는 ～ 을 이용하다
- ❋ **recommend** 권하다, 충고하다
- ❋ 방문자들은 먼저 O-train을 탈것을 권합니다.

PART 4

Bilingual Reading ⌄

Trains 열차는 depart from Seoul Station at 7:45 a.m. every morning, 서울역에서 매일 아침 7: 45분에 서울역을 출발하고 arriving at the transferring Jecheon Station at 9:55 a.m. 9:55분에 갈아타는 제천 역에 도착한다

From there, 그곳에서 passengers 승객들은 may flag specific stations 특정 역에 내릴 수도 있고and routes 일정을 따를 수도 있다 to reach the valley area and the V-train. 계곡 지역과 V-train에 닿기 위해서

In order to provide a thorough view of the steep ranges and valleys, 험악한 산악과 계곡의 완전한 경치를 제공하기 위하여 the V-train operates at an average speed of 30 kilometers per hour 한 시간에 평균속도 30km로 운행하고 in most sections 대부분 구간에서and stops every now and then at photogenic spots. 그리고 때때로 사진이 잘 찍히는 장소에서는 열차가 선다

The close view 가까이에서 바라보는 것 of the untouched valleys 사람들이 많이 다니지 않은 계곡을 and the tranquil landscape of the rural whistle stops 그리고 이 시골 작은 역의 조용한 경치는 offer an unparalleled experience, 무엇과도 비교할 수 없는 경험을 제공해준다 not only to senior citizens 노년층은 물론이고 but also to foreign visitors to Korea, 한국을 찾는 외국 관광객들한테도 according to the official. 라고 한 직원이 말했다

Translated into Korean ⌄

열차는 서울 역에서 매일 아침 7:45분에 서울역을 출발하고 9:55분에 갈아타는 제천 역에 도착한다.

그곳에서 승객들은 계곡 지역과 V-train에 닿기 위해서 특정 역에 내릴 수도 있고 일정을 따를 수도 있다.

험악한 산악과 계곡의 완전한 경치를 제공하기 위하여 한 시간에 평균속도 30km로 운행하고 그리고 때때로 사진이 잘 찍히는 장소에서는 열차가 선다.

사람들이 많이 다니지 않은 계곡을 가까이에서 바라보는 것과 이 시골 작은 역의 조용한 경치는 노년층은 물론이고 한국을 찾는 외국 관광객들한테도 무엇과도 비교할 수 없는 경험을 제공해준다 라고 한 직원이 말했다.

Article ⌄

Trains depart from Seoul Station at 7:45 a.m. every morning, arriving at the transferring Jecheon Station at 9:55 a.m.

From there, passengers may flag specific stations and routes to reach the valley area and the V-train.

In order to provide a thorough view of the steep ranges and valleys, the V-train operates at an average speed of 30 kilometers per hour in most sections and stops every now and then at photogenic spots.

The close view of the untouched valleys and the tranquil landscape of the rural whistle stops offer an unparalleled experience, not only to senior citizens but also to foreign visitors to Korea, according to the official.

★ 단어와 숙어

depart ~을 떠나다
transfer 갈아타다, 옮기다
flag 깃발, 기로 장식하다, 기로 알리다
steep 가파른, 경사가 급한
range 범위, 지역
average 평균
section 섹션, 부문, 구역, 부서

photogenic 사진이 발 받는, 경치가 사진 찍기 좋은
spot 장소
untouched 아직 손대지 않은, 여향 받지 않은
tranquil 조용한, 고요한
whistle 경적, 호각
unparalleled 비할 데 없는, 견줄 나위 없는

Explanation ⌄

Trains depart from Seoul Station at 7:45 a.m. every morning, arriving at the transferring Jecheon Station at 9:55 a.m.

* ✺ **the transferring Jechon Station** 제천 환승역
* ✺ **, arriving at the transferring Jechon Station at 9:55 am** ☞ **, and the train arrives at the transferring Jechon-Station at 9:55 am**
* ✺ 그 기차는 매일 아침 서울역에서 **7:45 a.m** 출발해서 **9:45a.m.**에 환승 재천 역에 도착한다. (arriving~ Jechon Station 은 분사구문)

From there, passengers may flag specific stations and routes to reach the valley area and the V-train.

* ✺ **flag** 열차 등을 신호로 정지 시키다

In order to provide a thorough view of the steep ranges and valleys, the V-train operates at an average speed of 30 kilometers per hour in most sections and stops every now and then at photogenic spots.

* ✺ **a thorough view of the steep ranges and valley** 험한 산맥과 계곡의 완벽한 경치
* ✺ **stops every now and then at photogenic spot**
* ✺ **every now and then** 때때로 **photogenic spot** 사진 찍기 좋은 장소

The close view of the untouched valleys and the tranquil landscape of the rural whistle stops offer an unparalleled experience, not only to senior citizens but also to foreign visitors to Korea, according to the official.

* ✺ **The close view of the untouched valleys**
* ✺ **untouched** 손대지 않은, 자연 그대로의, 자연 그대로의 계곡 측면 경치

Bilingual Reading ☑

Seungbu Station, 승부역은 for example, 예를 들자면 is a small wooden building consisting of a single waiting room, 한 개 대합실로 이루어진 조그마한 목조 건물이다 just as in old black-and-white movies. 마치 흑백영화에 나오는 것과 같은 Located in the midst of rocky mountains, 바위 돌이 많은 산 중턱에 위치한 it is sure to conjure up feelings of nostalgia. 이역은 확실히 향수의 감정을 자아낸다

At Cheoram Station, 철암역에서 passengers 승객들은 will find themselves encircled by massive coal mines, 자기자신이 거대한 탄광에 둘러싸여 있는 기분을 느낄 것이다 which acted as one of the key driving forces of the country's economy long ago. 이 탄광은 오래 전에 이 나라의 경제 성장에 주요한 동력 중의 하나로 역할을 했다

"In order to boost the synergy effect of our sightseeing train routes, 관광 열차 루트의 상승효과를 증가시키기 위하여 we have worked with local communities 우리들은 지역사회와 같이 일해왔다 to develop unrevealed attractions," 아직 밝혀지지 않은 관광지역을 개발하는데 said the KORAIL official. 라고 그 직원이 말했다

Translated into Korean ⌄

예를 들자면 승부역은 마치 흑백영화에 나오는 것과 같은 한 개 대합실로 이루어진 조그마한 목조 건물이다. 바위 돌이 많은 산 중턱에 위치한 이역은 확실히 향수의 감정을 자아낸다.

철암역에서 승객들은 자기자신이 거대한 탄광에 둘러싸여 있는 기분을 느낄 것이다. 이 탄광은 오래 전에 이 나라의 경제 성장에 주요한 동력 중의 하나로 역할을 했다.

"관광 열차 루트의 상승효과를 증가시키기 위하여 우리들은 아직 밝혀지지 않은 관광지역을 개발하는데 지역사회와 같이 일해왔다"라고 그 직원이 말했다.

The O-train tours photogenic mountainous areas.   Kim Myung-sub/The Korea Herald
O-train 이 명승지 산악 지대를 돌아 다니다.

PART 4

Article ▽

Seungbu Station, for example, is a small wooden building consisting of a single waiting room, just as in old black-and-white movies. Located in the midst of rocky mountains, it is sure to conjure up feelings of nostalgia.

At Cheoram Station, passengers will find themselves encircled by massive coal mines, which acted as one of the key driving forces of the country's economy long ago.

"In order to boost the synergy effect of our sightseeing train routes, we have worked with local communities to develop unrevealed attractions," said the KORAIL official.

★ 단어와 숙어

wooden building 목조 건물
consist 있다, 존재하다, 구성하다
midst 중앙, 한복판
rocky 암석이 많은
conjure ~을 상기시키다, 마법을 걸다, 불러내다
nostalgia 향수

encircle ~의 둘레를 돌다, 둘러싸다, 일주하다
massive 거대한, 많은, 대량의
coal mine 탄광, 탄갱
boost 밀어 올리다, 상승
synergy effect 상승 효과, 시너지 효과 달성
unrevealed 밝혀지지 않은

Explanation ⌄

Seungbu Station, for example, is a small wooden building consisting of a single waiting room,

- ✸ **consist of**(부분, 요소로) 되어 있다, 이루어져 있다
- ✸ **consisting of a single room** (**consisting**은 현재분사로 앞에 오는 단어 **wooden building** 을 수식한다)
- ✸ 한 개의 대합실로 이루어져 있는 작은 목재 건물

---

just as in old black-and-white movies. Located in the midst of rocky mountains, it is sure to conjure up feelings of nostalgia.

- ✸ **just as in old black-and white movies** 마치 옛날 흑백영화 속에 있는
- ✸ **it is sure to conjure up feeling of nostalgia** (**conjure up~** 영혼 등을 불러내다) 이것은 분명히 향수의 감정을 불러낸다.

At Cheoram Station, passengers will find themselves encircled by massive coal mines, which acted as one of the key driving forces of the country's economy long ago.

- ✸ **find themselves encircled** 자신들이 둘러싸인 것을 알게 되다.
- ✸ 승객들은 거대한 탄광에 둘러싸였다 는 것을 알게 될 것이다.

"In order to boost the synergy effect of our sightseeing train routes, we have worked with local communities to develop unrevealed attractions," said the KORAIL official.

- ✸ **synergy effect** 시너지효과, 협력효과
- ✸ 관광 열차 노선의 협력효과를 끌어올리기 위해 **attractions** 인기거리

Bilingual Reading ⌄

The most recommended route 가장 추천할 만한 코스는 is to stop at Buncheon Station 분천역에서 서고 and follow a newly developed hiking course to the next station. 다음 역에 가기 위한 새로 개발된 하이킹 코스를 따라가는 일이다 Yangwon Station, too, 양원역도 역시 offers a variety of walking options, 다양한 산책코스를 제공해 주고 including 또 포함한다 the "Watercolor Road," "워터칼라 길"이 leading to the nearby Guam Buddhist Temple 제공해 주고 근처의 구암 절로 이어지고 and the riverside hiking course following the Nakdong River. 낙동강을 따라가는 강둑으로 하이킹하는 코스로 이어지는

Those who wish to visit neighboring tourist spots 이웃에 있는 관광지를 방문하고 싶은 사람들은 may book car sharing programs 차 공유 프로그램을 예약할 수도 있고 through KORAIL, 코레일을 통한 which is expected to kick off its new service 이것은 새로운 서비스를 시작할 것으로 기대된다 by the end of this month. 이번 달 말까지

Unlike standard rented cars, 일반 임대차와 달리 which are rented by the day, 당일 임대되는 these KORAIL-affiliated vehicles 코레일과 연계한 차량은 may be taken by the hour, 시간 별로 선택할 수도 있고 enabling tourists to take short tours around the station. 이것은 관광객들로 하여금 역 주위의 짧은 여행을 할 수 있도록 가능하게 해준다

Translated into Korean

가장 추천할 만한 코스는 분천역에서 서고 다음 역에 가기 위한 새로 개발된 하이킹 코스를 따라가는 일이다. 양원역도 역시 다양한 산책 코스를 제공해 주고 다양한 산책코스를 제공해 주고 근처의 구암 절과 낙동강을 따라가는 강둑으로 하이킹하는 코스로 이어지는 "워터칼라 길"을 포함하는 산책코스를 제공한다.

이웃에 있는 관광지를 방문하고 싶은 사람들은 코레일을 통한 차 공유 프로그램을 예약할 수도 있고 이것은 이번 달 말까지 새로운 서비스를 시작할 것으로 기대된다.

당일 임대되는 표준 임대차와 달리 코레일과 연계한 차량은 시간 별로 선택할 수도 있고 이것은 관광객들로 하여금 역 주위의 짧은 여행을 할 수 있도록 가능하게 해준다.

Article ⌄

The most recommended route is to stop at Buncheon Station and follow a newly developed hiking course to the next station. Yangwon Station, too, offers a variety of walking options, including the "Watercolor Road," leading to the nearby Guam Buddhist Temple and the riverside hiking course following the Nakdong River.

Those who wish to visit neighboring tourist spots may book car sharing programs through KORAIL, which is expected to kick off its new service by the end of this month.

Unlike standard rented cars, which are rented by the day, these KORAIL-affiliated vehicles may be taken by the hour, enabling tourists to take short tours around the station.

★ 단어와 숙어

route 길, 경로, 항로	**riverside** 강변, 강기슭
developed 개발된	**book** 예약하다
hiking course 도보 여행, 하이킹	**kick off** 시작하다
variety 다양한, 여러 종류의	**rented** 임대의
watercolor 수채화 물감	**affiliated** 관련 있는, 가입의, 가맹의
nearby 근처의, 바로 옆의	**vehicle** 차량, 이동수단
Buddhist Temple 불교사원, 사찰	**enabling** 특별한 권한을 부여 받은, 가능하다

Explanation

The most recommended route is to stop at Buncheon Station and follow a newly developed hiking course to the next station. Yangwon Station, too, offers a variety of walking options,

- **The most recommended route** 가장 많이 추천되는 루트는 **newly developed hiking course** 새로 개발된 하이킹 코스 **a variety of walking options** 다양한 산책 옵션

---

including the "Watercolor Road," leading to the nearby Guam Buddhist Temple and the riverside hiking course following the Nakdong River.

- **including the "Watercolor Road" leading to the nearby Guam Buddhist Temple** 이웃 구암 사찰로 가는 "워터컬러 로드"를 포함해서

Those who wish to visit neighboring tourist spots may book car sharing programs through KORAIL, which is expected to kick off its new service by the end of this month.

- **Those** (사람들) **may book car sharing program through KORAIL** "코레일"을 통해서 프로그램을 공유하는 열차를 예약 할 수 있다.
- **which**는 the program
- **the program is expected to kick off** (시작하다) **its new service by the end of this month** ~ 그 프로그램은 월말에 새로운 서비스를 시작할 예정이다.

Unlike standard rented cars, which are rented by the day, these KORAIL-affiliated vehicles may be taken by the hour, enabling tourists to take short tours around the station.

- **Unlike standard rented cars, which are rented by the day,** 당일로 렌트 되는 일반적인 렌트 카와는 달리

Bilingual Reading ⌄

Using these transport means, 이와 같은 대중교통시설을 이용하여 they may choose to visit Bulyoungsa, 그들은 불용사를 방문하는 코스를 선택할 수도 있다 the Buddhist temple nestled in the Bulyoung Valley in Uljin, North Gyeongsang Province. 즉, 그 사찰은 경상북도 울진 계곡에 자리잡고 있는 The area, with its rugged granite cliffs and deep valleys, 울퉁불퉁한 화강석 절벽 그리고 깊은 계곡을 가지고 있는 이 지역은 has long been renowned as a scenic spot, 오랫동안 경치 좋은 지역으로 오랫동안 알려져 왔다 as well as a fishing place. 또는 낚시터로서

In the vicinity 이 가까운 곳에 is a famous colony of Geumgang pine trees. 유명한 금강 소나무 지역이 있다 The area covers some 1,800 hectares of land 이 지역은 1800핵타르 지역을 포함하고 있고 and incorporates some 80,000 trees, 8만개의 나무를 심어 놓았고 most of them over 200 years old. 이들 중 대부분이 200년 넘는 나무들이다

The history of the pine forest 소나무 숲의 역사는 goes back to the late 17th century, 17세기 말로 되돌아 간다 when the Joseon Dynasty's King Sukjong ordered 그 때 조선왕조 숙종이 명령했다 that the area be administered by the central government. 이 지역을 중앙 정부에 의해서 관리되도록

Translated into Korean

이와 같은 대중교통시설을 이용하여 그들은 불용사 즉, 경상북도 울진 계곡에 자리잡고 있는 사찰 불용사를 방문하는 코스를 선택할 수도 있다. 울퉁불퉁한 화강석 절벽 그리고 깊은 계곡을 가지고 있는 이 지역은 오랫동안 경치 좋은 지역 또는 낚시터로서 오랫동안 알려져 왔다.

이 가까운 곳에 유명한 금강 소나무 지역이 있다. 이 지역은 1800핵타르 지역을 포함하고 있고 8만개의 나무를 심어 놓았고 이들 중 대부분이 200년 넘는 나무들이다.

소나무 숲의 역사는 17세기 말로 되돌아 간다. 그 때 조선왕조 숙종이 이 지역을 중앙 정부에 의해서 관리되도록 명령했다.

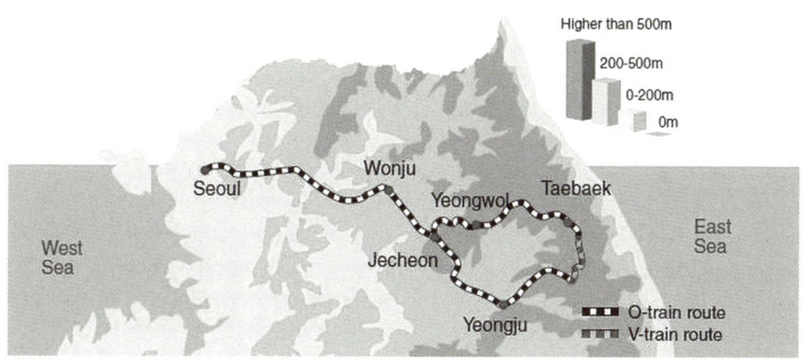

V-train route map to tour around
협곡 열차 관광 루트

PART 4

Article ☑

Using these transport means, they may choose to visit Bulyoungsa, the Buddhist temple nestled in the Bulyoung Valley in Uljin, North Gyeongsang Province. The area, with its rugged granite cliffs and deep valleys, has long been renowned as a scenic spot, as well as a fishing place.

In the vicinity is a famous colony of Geumgang pine trees. The area covers some 1,800 hectares of land and incorporates some 80,000 trees, most of them over 200 years old.

The history of the pine forest goes back to the late 17th century, when the Joseon Dynasty's King Sukjong ordered that the area be administered by the central government.

★ 단어와 숙어

transport 운송하다. 이동하다. 교통
means 수단
nestle 아늑하게 자리잡다. 아담한 장소에 있다
rugged 험악한. 거친
granite 화강암. 대리석. 구들장
cliff 절벽. 낭떠러지
renowned 유명한. 명성 있는
scenic spot 경치 좋은 곳. 경승지

fishing place 낚시터
vicinity 인근. 주변. 가까이
colony 집단. 이주지. 정착촌. 식민지
incorporate 포함하다. 혼합하다. 결합하다. 받아들이다. 법인의
dynasty 왕조
order 명령하다
administer 관리하다. 다스리다

Explanation

Using these transport means, they may choose to visit Bulyoungsa, the Buddhist temple nestled in the Bulyoung Valley in Uljin, North Gyeongsang Province. The area, with its rugged granite cliffs and deep valleys, has long been renowned as a scenic spot, as well as a fishing place.

✱ **nestle** (집 등 깊숙이) 자리 잡고 있다 **The Buddhist temple nestled in the Bulyoung Valley in Uljin** 울진" 불용계곡" 에 깊숙이 자리 잡고 있는

✱ **The area, with its rugged granite cliffs and deep valleys has long been renowned as (for) a scenic spots, as well as a fishing place.** 울퉁불퉁한 화강석 절벽과 깊은 계곡을 가진 이 지역은 오랫동안 명소 그리고 또 낚시터로 유명하다

In the vicinity is a famous colony of Geumgang pine trees. The area covers some 1,800 hectares of land and incorporates some 80,000 trees, most of them over 200 years old.

✱ **In the vicinity is a famous colony of Geumgang pine trees.** 이 문장의 주어는 'a famous colony of Geumgang pine trees

✱ 유명한 금강 소나무 지역 이 근 처에 있다.

✱ **incorporate** 통합시키다, 추가하다, 짜 넣다.

✱ **incorporates some 80,000 trees** 80,000 그루의 나무를 이 지역에 심어놓다.

The history of the pine forest goes back to the late 17th century, when the Joseon Dynasty's King Sukjong ordered that the area be administered by the central government.

✱ **The history of the pine forest goes back to the late 17th century** 이 소나무 숲의 역사는 17세기 말로 되 돌아가다.

Bilingual Reading

Those who choose to stop at Cheoram Station 철암역에 서겠다고 선택하는 사람은 are likely to visit the "Windy Hills," a wind power energy complex 풍력 발전소 바람의 언덕을 방문할 가능성도 있다 located at the top of Maebongsan Mountain. 매봉산 정상에 위치한 The massive wind power mills 이 거대한 풍력 발전소는 surrounded by endless highland vegetable farms 끝없는 고지대 채소 농장에 둘러싸인 create a magnificent sight, 특히 사진사들을 위해서 especially for landscape photographers. 엄청난 경치를 조성해 준다

Another tourist option is Yongyeon Cave, 또 다른 관광 선택지는 a 300-million-year-old cave located at an altitude of 920 meters, 이것은 해발 920m에 위치하고 있는 3억년 된 굴이다 which is higher than Bukhansan Mountain in Seoul. 이것은 서울의 북한산보다 좀 더 높다

철암역에 서겠다고 선택하는 사람은 매봉산 정상에 위치한 풍력 발전소 바람의 언덕을 방문할 가능성도 있다. 끝없는 고지대(고냉지) 채소 농장에 둘러싸인 이 거대한 풍력 발전소는 특히 사진사들을 위해서 엄청난 경치를 조성해 준다.

또 다른 관광 선택지는 용연굴로 이것은 해발 920m에 위치하고 있는 3억년 된 굴이다. 이것은 서울의 북한산보다 좀 더 높다.

PART 4

Article ⌄

Those who choose to stop at Cheoram Station are likely to visit the "Windy Hills," a wind power energy complex located at the top of Maebongsan Mountain. The massive wind power mills surrounded by endless highland vegetable farms create a magnificent sight, especially for landscape photographers.

Another tourist option is Yongyeon Cave, a 300-million-year-old cave located at an altitude of 920 meters, which is higher than Bukhansan Mountain in Seoul.

★ 단어와 숙어

windy 바람이 부는, 꼬불꼬불한
complex 복합체, 종합적
mill 방앗간
surround 둘러싸다, 에워싸다
endless 끝없는, 순환의,

highland 고산지, 고냉지
magnificent 훌륭한, 비길 데 없는
cave 동굴, 움푹 들어가다
altitude 고도, 표고

Explanation

Those who choose to stop at Cheoram Station are likely to visit the "Windy Hills," a wind power energy complex located at the top of Maebongsan Mountain.

- ❋ 철암역에서 내리는 사람들은 '매봉산' 정상에 위치한 풍력 에너지 시설, "Windy Hill"을 방문을 할 수도 있다.

The massive wind power mills surrounded by endless highland vegetable farms create a magnificent sight, especially for landscape photographers.

- ❋ **the massive wind power mill** 거대한 풍력 발전소
- ❋ **create magnificient sight** 엄천난 경치를 조성하다
- ❋ 끝없는 고지대 채소농장에 둘러싸인 거대한 풍력발전소는 굉장히 좋은 경치를 조성하고 있다.

Another tourist option is Yongyeon Cave, a 300-million-year-old cave located at an altitude of 920 meters, which is higher than Bukhansan Mountain in Seoul.

- ❋ **Yongyeon Cave, a 300-million-year old cave located at an altitude of 920 meters** 고도 920m에 자라잡고 있는 3억년된 굴 "Yongyeon Cave"

Bilingual Reading

"Based on the initial passenger responses, 최초 승객들의 반응에 기초해서 we will develop tourist packages encompassing 우리들은 이 모든 것을 다 포함하는 관광 패키지를 개발할 예정이다 train tickets, restaurants and lodging reservations, 우리들은 열차티켓, 식당, 숙소 예약 hopefully before the summer holiday season," 희망컨대 여름 휴가가 시작되기 전에 said the official. 라고 한 직원이 말했다

Tickets for the O-train and V-train O-트레인과 V-트레인 티켓은 may be purchased 구매할 수 있다 through KORAIL's webpage, 코레일 웹페이지 mobile applications 또는 휴대폰을 사용해서 and from train station counters, 그리고 또 정거장 카운터로부터 just like ordinary trains. 일반 열차와 마찬가지로

The Seoul-Jecheon O-train ticket for adults 서울-제천까지 O-트레인 성인 티켓은 is 18,900 won during weekends 주말에는 18,900원이고 and is offered at a cheaper price for senior citizens and children. 노년층과 어린아이들한테는 좀 더 싼 가격으로 제공된다 Daily free passes will also be available from July, 당일 무료 패스는 7월부터 입수가 가능할 것이다 officials said. 라고 직원들이 말했다

For further information, 좀 더 자세한 정보를 위해서는 visit www.korail.com 코레일 닷컴을 방문하던지 or call KORAIL's service center at 1544-7788. 아니면 코레일 서비스센타 1544-7788번으로 전화 하세요

Translated into Korean

"최초 승객들의 반응에 기초해서 우리들은 열차티켓, 식당, 숙소 예약 희망컨대 여름휴가가 시작되기 전에 이 모든 것을 다 포함하는 관광 패키지를 개발할 예정이다" 라고 한 직원이 말했다.

O-트레인과 V-트레인 티켓은 일반 열차와 마찬가지로 코레일 웹페이지 또는 휴대폰을 사용해서 그리고 또 정거장 카운터로부터 구매할 수 있다.

서울-제천까지 O-트레인 성인 티켓은 주말에는 18,900원이고 노년층과 어린아이들한테는 좀 더 싼 가격으로 제공된다. 당일 무료 패스는 7월부터 입수가 가능할 것이다. 라고 직원들이 말했다.

좀 더 자세한 정보를 위해서는 코레일 닷컴을 방문하던지 아니면 코레일 서비스센타 1544-7788번으로 전화 하세요.

Article ▽

"Based on the initial passenger responses, we will develop tourist packages encompassing train tickets, restaurants and lodging reservations, hopefully before the summer holiday season," said the official.

Tickets for the O-train and V-train may be purchased through KORAIL's webpage, mobile applications and from train station counters, just like ordinary trains.

The Seoul-Jecheon O-train ticket for adults is 18,900 won during weekends and is offered at a cheaper price for senior citizens and children. Daily free passes will also be available from July, officials said.

For further information, visit www.korail.com or call KORAIL's service center at 1544-7788.

★ 단어와 숙어

encompass ~을 둘러싸다, ~을 포함하다
lodging 숙소
reservation 예약
purchase 구입하다, 구매하다

ordinary train 일반 기차
adult 성인, 어른
weekend 주말
offer 제공하다

Explanation ⌄

"Based on the initial passenger responses, we will develop tourist packages encompassing train tickets, restaurants and lodging reservations, hopefully before the summer holiday season," said the official.

- **based on the initial passenger responses** 최초 승객들의 반응을 근거로 해서
- **we will develop tourist packages encompassing train tickets, restaurants and lodging reservations** 우리들은 기차 티켓, 식당 그리고 숙소예약을 포함하는 페키지 여행 프로그램을 개발할 예정이다.

Tickets for the O-train and V-train may be purchased through KORAIL's webpage,

- O–트레인과 V–트레인 티켓은 코레일 웹페이지에서 구매할 수 있다.

The Seoul-Jecheon O-train ticket for adults is 18,900 won during weekends and is offered at a cheaper price for senior citizens and children. Daily free passes will also be available from July, officials said.

- **The Seoul-Jecheon O-train ticket for adults is 18,900 won during weekends.** 서울–제천 간 성인열차 티켓은 주말에 18,900원이다.

For further information, visit www.korail.com or call KORAIL's service center at 1544-7788.

- 더 자세한 내용은 www.korail.com으로 들어오든지 또는 1544–7788 코레일 서비스 센터로 전화 하세요.

The Korea Herald

Bilingual Reading

쉽게 읽는 영자신문 I

인 쇄 일 2013년 7월 15일 초판 1쇄
발 행 일 2018년 9월 20일 초판 3쇄

지 은 이 세니카 벨라 정
펴 낸 곳 이런타임(영어닷컴)
디 자 인 김민화
주   소 서울시 종로구 삼봉로 95 대성 2-1004
전   화 (02) 739-5333
팩   스 (02) 739-5777
전자우편 elearntime@naver.com

ISBN 978-89-967906-5-5 (13740)
정가 15,000원